DOS DEVERES

O livro é a porta que se abre para a realização do homem.

Jair Lot Vieira

CÍCERO

DOS DEVERES

Tradução e notas
JOÃO MENDES NETO

Prefácio
ALTINO ARANTES
Foi governador do Estado de São Paulo de maio de 1916 até maio de 1920. Formado na Faculdade de Direito do Largo de São Francisco em 1895, foi deputado federal por quatro mandatos (de 1906 a 1908; de 1911 a 1915; de 1921 a 1930) e deputado constituinte em 1946.

Revisão técnica
DANIEL MOREIRA MIRANDA
Graduado em Direito pela Universidade Presbiteriana Mackenzie
e graduado em Grego pela Universidade de São Paulo.

Copyright da tradução e desta edição © 2019 by Edipro Edições Profissionais Ltda.

Título original: *De Officiis*.

Todos os direitos reservados. Nenhuma parte deste livro poderá ser reproduzida ou transmitida de qualquer forma ou por quaisquer meios, eletrônicos ou mecânicos, incluindo fotocópia, gravação ou qualquer sistema de armazenamento e recuperação de informações, sem permissão por escrito do editor.

Grafia conforme o novo Acordo Ortográfico da Língua Portuguesa.

1ª edição, 1ª reimpressão 2025.

Editores: Jair Lot Vieira e Maíra Lot Vieira Micales
Coordenação editorial: Fernanda Godoy Tarcinalli
Produção editorial: Carla Bitelli
Edição de texto: Marta Almeida de Sá
Assistente editorial: Thiago Santos
Capa: Ana Laura Padovan
Preparação de texto: Thiago de Christo
Revisão: Vânia Valente
Editoração eletrônica: Balão Editorial
Imagem da capa: Discurso de Cícero no Senado contra Catilina, Hans Werner Schmidt, Weimar (Alemanha), 1912

Dados Internacionais de Catalogação na Publicação (CIP)
(Câmara Brasileira do Livro, SP, Brasil)

Cícero, Marco Túlio, 106 a.C-43 a.C.
 Dos deveres / Marco Túlio Cícero ; tradução e notas de João Mendes Neto. — São Paulo : Edipro, 2019.

 Título original: De Officiis.

 ISBN 978-85-521-0064-5 (impresso)
 ISBN 978-85-521-0065-2 (e-pub)

 1. Ética — Obras anteriores a 1800 I. Mendes Neto, João. II. Título.

19-24742   CDU-171.2

Índice para catálogo sistemático:
1. Ética : Aspectos morais : Filosofia : 171.2

Cibele Maria Dias – Bibliotecária – CRB-8/9427

São Paulo: (11) 3107-7050 • Bauru: (14) 3234-4121
www.edipro.com.br • edipro@edipro.com.br
@editoraedipro   @editoraedipro

SUMÁRIO

SOBRE A OBRA 7

CÍCERO 11

LIVRO I 27

LIVRO II 83

LIVRO III 117

SOBRE A OBRA

Por João Mendes Neto

Marco Túlio Cícero, eloquente expressão do gênio latino, publicou esta obra endereçando-a ao filho Marco Cícero, que então estudava em Atenas, aperfeiçoando-se no conhecimento da filosofia e das letras, orientado por Crátipo, célebre filósofo peripatético.

Compêndio de virtudes cívicas e morais, escrito por um grande espírito, bem merece ser divulgado e lido não só pelos jovens como também por aqueles que se dedicam à causa pública. Precioso repositório da ética antiga, ou seja, dos preceitos e deveres que fizeram a grandeza do povo romano, traz, no seu âmago, os eternos princípios que restauram o pensamento e a fé nos destinos da humanidade.

Estabelecendo, baseado nos grandes pensadores da época, preceitos a propósito de deveres, mostra que só persistem os que se apoiam na honestidade, que não podem nem devem ser relacionados porque dependem das circunstâncias e das instituições sociais. Daí a perenidade deste trabalho, escrito depois de ampla experiência política e de intensa atividade profissional.

8 · DOS DEVERES

A política, exercida com honestidade, para Cícero, é virtude integrada na filosofia moral, que exalta a personalidade de quem a pratica, pois não consiste somente na administração dos negócios públicos, mas, sobretudo, na instituição da autoridade da lei e no domínio da justiça.

O pensamento filosófico de Cícero, suas atitudes, a força de sua eloquência não se refletem neste trabalho com a intensidade necessária para pleno conhecimento de sua vasta obra literária e filosófica. Escrita para o filho e para ser vulgarizada, não traz a erudição que fez de seu nome o fanal de toda uma raça, mas entretece pela sabedoria que encerra. Sua obra é vasta e complexa e até hoje ilumina o espírito humano.

Nos três livros deste compêndio, Cícero estuda o conceito da honestidade, a ideia de utilidade e, finalmente, compara o honesto com o útil.

No Livro I, entre outros assuntos, exalta a natureza e a essência de honestidade (VI), a conservação da sociedade humana (VII), a grandeza da alma (VIII), o valor civil e o valor militar (XII), a tutela governamental (XXV), o pudor e o decoro na vida pública (XXVII), os deveres, segundo as idades (XXXIV), o dever do cidadão (XXXVI), a conversação (XXXVII), a habitação (XXXVIII), etc.

No Livro II, mostra a função do que é útil, que nunca deve ser confundido com o honesto nem com a aparente utilidade que não passa de astúcia. São sempre atuais as páginas sobre a natureza das coisas úteis (III), a conquista do favor popular (IX), o poder da justiça (XI), a origem do poder (XII), os efeitos da corrupção (XV), as liberalidades (XVI), a lei agrária e o abastecimento (XIX e XX), as virtudes do homem público (XXII), etc.

No Livro III, compara o honesto com o útil, concluindo que a honestidade deve sempre prevalecer. Exibe os percalços na separação do útil e do honesto (III), os casos de prevalência nesse confronto (XII), as consequências do juízo honesto com aparência de útil (XXI), a oposição de certos prazeres à virtude (XXXIV). Os exemplos que apresenta merecem reflexão.

Guiaram-nos nesta versão, além do texto original, antiga e excelente tradução francesa por um grupo de professores, e outra, em castelhano, editada no México.

Com a devida vênia, a seguir reproduzimos erudito estudo do eminente presidente Altino Arantes em excelente discurso no qual apresenta aos estudantes da Faculdade de Direito de São Paulo a personalidade de Marco Túlio Cícero.

CÍCERO

Por Altino Arantes (1876-1965)

Em memorável oração universitária, notava, não há muito tempo, o professor platino Lúcio Lopes, que — em meio ao temeroso eclipse que tolda de sombras espessas o futuro da humanidade — a suprema aspiração regeneradora deve consistir na obra persistente e patriótica de encarecer e de estimular — na mente e no coração das gerações que se aprestam a tomar o seu lugar na vida — a contemplação e o estudo desses períodos cruciais da História, em que o brio das nações e as forças vivas de seu espírito fremiam de singular ardor cívico e lhes marcavam a individualidade com estigmas tais e tão relevantes que, para todo o sempre, haveriam de forrá-las ao insidioso processo de conformismo e de indolência, por cujas alarmantes síndromes fácil se tornaria diagnosticar a grave anervia moral de certas gentes — outrora ciosas, até ao martírio, de seus direitos e de suas franquias, mas que, de súbito amolentadas por estranha volúpia de servir, se precipitam nas geenas da escravidão. *Ruunt in servitutem* — assim prejulgou delas Tácito, no seu vernáculo impressivo e candente como ferro em brasa.

O respeito do passado, o amor da tradição são materiais insubstituíveis na estrutura das nacionalidades; e a veneração das grandes personagens — em que se configuram suas lutas, suas aspirações e suas glórias — representa, sem dúvida, a forma culminante desse culto, no qual se associam e se fundem os dois supremos ideais que Cícero repetidamente, em seus escritos, resumiu na lapidar divisa: *Pro aris et focis* — pelo altar e pelo lar.

De início, peço vênia para advertir-vos de que, no transcurso de meu estudo, terei de molestar frequentemente vossos ouvidos com latins largos, como diria o nosso Vieira. Não o farei, entretanto, por ostentar conhecimentos de que, infelizmente, sou curto; senão e somente por autenticar as fontes e abandonar a autoridade de juízos, conceitos e textos alheios, que aos meus próprios servirão de confirmar-lhes a rigorosa exatidão histórica.

Não se compreende, evidentemente, na finalidade desta cerimônia, nem caberia mesmo no breve espaço de uma simples alocução, fazer a biografia completa de Marco Túlio Cícero e descrever os lances tão vários quanto dramáticos de uma existência agitada e tormentosa, longa de 64 anos, que se desenvolveu e se consumiu toda no culto das letras, nos debates do foro e nas lides da política. Essas foram, em verdade, as três vastas arenas da vida e dos trabalhos do notável cidadão romano, que, sobrepondo-se vitoriosamente à obscuridade de seu berço e à modéstia de sua ascendência — pertence embora à ordem equestre —, galgou por esforço próprio, em penosa ascensão desajudada de proteção e de haveres, as mais eminentes cumeadas do poder e da fama.

Nascido em Arpino — alpestre burgo da Campânia — que já se ufanava de ter sido a terra natal de Caio Mário — a sua meninice decorreu na nostálgica tranquilidade daqueles mesmos montes *patrios et incunabula*, donde outrora o ditador, adormecido à sombra de carvalho secular, vira, em sonho auspicial — prenunciador de suas futuras vitórias contra os cimbros e os teutões —, a águia soberba dos quirites desferir seu voo para o alto, sacudindo e dilacerando nos potentes arpéus a serpe venenosa e traiçoeira.[1]

---

1. Vicente Ussani, *Storig, della letteratura italiana*.

Ali, na meditação e no estudo, passou também a juventude; ali traçou os primeiros ensaios de uma inteligência primaveril que, ao madrugar, já podia gabar-se da valente façanha de "ter composto quinhentos versos, de uma assentada, numa noite de insônia". Mas desses precoces torneios florais mal se aperceberam os contemporâneos; e deles disseram os pósteros, pela boca malédica de Juvenal, que "se em versos de igual quilate houvesse Cícero escrito suas orações, teria escapado certamente à inveja de seus amigos e à sanha de seus inimigos. *Maligni non desierunt carpere* — consigna neste passo, a seu turno, o testemunho discreto, mas bastante significativo, de Quintiliano".[2]

Outro que não a poética teria de ser, com efeito, o campo de sua predestinação no mundo intelectual. Volta-se, pois, para o estudo das Letras, da Filosofia e do Direito; frequenta a escola de mestres insignes nessas disciplinas. Viaja. Embebe-se nas claridades espirituais de Atenas e ei-lo agora quase miraculosamente transformado no polígrafo incomparável — cuja pena vai passear, luminosa e triunfal, pelos dilatados domínios da gramática e da retórica, da filosofia e da religião, da ética, da jurisprudência e da política.

Dir-se-ia que o arpinense nesta maneira se esmerava por desmentir-se a si mesmo; pois outrem não fora quem havia afirmado, certa vez, "ser costume dos homens não tolerar que alguém por múltiplos méritos seja excelente" (*"mos est hominum ut nolint eumdem pluribus laudibus excellere"*).

Os livros, os discursos e as cartas que dele nos ficaram, versando assuntos tão numerosos quanto complexos, refletem o inapagável esplendor da mentalidade enciclopédica que os concebeu e os legou à posteridade como patrimônio de inestimável valia.

Honro novus, mas também "ambicioso metódico", para servir-nos de uma moderna classificação, Cícero, em plena e radiosa mocidade, vai bater às portas do fórum. E nisso acertou; porque o fórum foi o proscênio suntuoso de sua celebridade, a estrada larga para as suas mais lídimas glórias; tanto é verdade que, já naquele tempo, era a corporação dos advogados e dos magistrados e sementeira das maiores dignidades — *seminariium dignitatum*.

---

2. Carlo Giussani, *Storia letteraria d'Italia*, I.

14 · DOS DEVERES

E Cícero vai subindo, a pouco e pouco, com esforço e perseverança, os sucessivos degraus desse longo e refulgente *cursus honorum* que, pelas reiteradas imposições da vontade de seus patrícios, o levou à questura, à edilidade, à pretoria e ao consulado; depois, por um episódio feliz de seu estágio como procônsul na Cilícia, lhe conferiu a divisa militar de *imperator*, e afinal, por magnífica consagração de sua benemerência cívica, lhe decretou o título máximo de "pai da pátria".

Mas em Roma, como antes acontecera na Grécia, tudo dependia do povo. E o povo — adverte Fénelon — dependia essencialmente da palavra. A coroa de mirto, de que se cingiam as frontes dos oradores, tornava-os invioláveis pelas opiniões e pelos votos que proferissem. E era a céu aberto, pela livre e irrestrita discussão dos negócios da comunidade, que os cidadãos soberanamente escolhiam seus chefes; traçavam os rumos de seu governo e decretavam as leis que a experiência inculcasse convenientes ou necessárias.

Ali, naquelas eras distantes, ainda não se haviam inventado esses retumbantes engenhos de compressão e de modelagem que, séculos depois, em vários países da Europa e da América, se incumbiriam de aperfeiçoar, de uniformizar e de avolumar a opinião pública *ad usum delphini*...

Para o fórum romano é que refluía, em maré constante e salutífera, a vida interior e exterior da *Urbs* e da república. E todos os grandes acontecimentos sociais vinham repercutir intensamente nessa diminuta praça de sete arpentos, dominada pelas colinas tutelares do Capitólio, do Palatino, do Viminal e do Esquilino e dentro da qual se atropelavam, numa deslumbrante congérie de maravilhas arquitetônicas, o Coliseu e a Casa das Vestais, as Termas e o Arco de Tito, a Coluna Rostral e os templos de Castor e de Pólux, de Júpiter e de Saturno, da Paz e da Concórdia.

Encantoada nesse estreito logradouro, a História deixa de ser esse difuso, evanescente panorama que os compêndios longinquamente esfumam aos nossos olhos. Vemo-la respirar e palpitar; sentimo-la vibrar, estremecer; e quase ouvimo-la falar por meio de polêmicas e de motins, de processos e de revoluções, de comícios e de atentados, de espetáculos e de proscrições.

Se a Acrópole exalta o homem para além de si mesmo, fazendo-o pairar, alígero, na luminosidade extasiante dos céus da Hélade, o fórum, pelo contrário, o incita a meditar sobre suas próprias vicissitudes e contingências; sobre a sorte dos governos e sobre as leis fundamentais da evolução dos povos. Foi no fórum que se forjou o destino da ilustre e poderosa nação, cuja influência se fez sentir mais extensa e profundamente sobre a marcha do mundo. Foi ali que se plasmaram as instituições civis, muitas das quais ainda hoje nos regem. Foi ali que ora se digladiaram, ora se conjugaram os dois princípios basilares do gênio latino: o imperativo da ordem e a vocação da liberdade.

A ordem e a liberdade — *imperium et libertas* — tal o binômio em que Marco Túlio Cícero sintetizou todo o programa de sua política; tal a política a cuja prática e a cuja defesa ele consagrou, sem pausas e sem remissões, as luzes de sua inteligência e as virtudes miríficas de sua oratória.

Vinde assistir comigo — pela vívida narrativa de Eduardo Herriot — ao empolgante episódio de uma dessas encarniçadas pelejas em que o orador — inflamando o ambiente, *ardet ambitus* — fez triunfar o pensamento do político, e com o pensamento do político logrou preservar a ordem pública e a organização jurídica do Estado.

"Eis-nos ao pé dos rostros, dos antigos rostros da república." Corre o ano 63 a.C. Um agente de Sylla, comprometido nas proscrições, rico e de família ilustre, mas desconceituado por seus crimes e por seus vícios, não tendo conseguido eleger-se para o consulado, trama uma grande conspiração. O cônsul em exercício acusa-o perante o senado de querer destruir Roma a ferro e fogo. Sussurra-se na plebe que esse magistrado — que é o sustentáculo único da república e de cuja coragem depende a salvação de Roma — está ameaçado de morte. Outros, porém, como só acontece em tais circunstâncias, increpam-no de fraqueza e de cumplicidade, enquanto outros ainda o censuram por estar perseguindo um senador injustamente suspeitado. O cônsul sobe aos rostros; explica até as últimas minúcias, pois que os quirites são exigentes, qual fora a sua ação contra o conspirador. Ataca de frente o chefe do bando sedicioso, o amigo dos gladiadores e dos histriões. E os períodos de ampla e sonora serenidade se desdobram, uns após outros, sobre um raciocínio cerrado e progressivamente constringente.

"Sim, romanos" — brada a voz sonora como clarim marcial —, "eu avoco para mim todo o ódio dos perversos. As feridas que possam ser curadas eu quero curá-las. Mas cortarei a fio de espada tudo quanto possa causar a ruína do Estado".

E o discurso prossegue até o entardecer; mas, ao cair da noite, o orador, em magnífico *pathos* de inspiração, suplica aos romanos, aglomerados ao redor da tribuna e pendentes de seus lábios, que regressem tranquilamente aos lares — sobre os quais rondam as autoridades e vela o grande Júpiter, cujo templo — iluminado pela chama dos sacrifícios — senhoreia a cidade e o Lácio, na majestosa imobilidade de seus mármores eternos. "Ora, este cônsul, este orador é Cícero; e este discurso é a terceira Catilinária."[3]

A despeito das ambições, das violências e das felonias, que conspurcaram o lento descair da velha república, o poder romano, de tão imponente que era, ainda podia afigurar-se a Tito Lívio, como a obra-prima dos deuses: *maximum opus deorum imperium*.

Mas, a acreditar-se no depoimento mais objetivo de Tácito, já naquele tempo "Roma se consumia, depauperada de energias, mas inebriada de luxo e de prazeres, nas rixas estéreis das facções. Não havia mais ordem no fórum, nem concórdia no senado, nem regra nos julgamentos, nem respeito aos superiores, nem limites à jurisdição dos magistrados".[4] E as mãos, que antes lavraram as searas e as vinhas, só se calejavam em aplaudir os comediantes e os circenses.

Salústio acentuava mais fortemente ainda as cores da desoladora paisagem nesta veemente apóstrofe: "Quem poderá suportar mais que os otimates, regurgitantes de riquezas, as dissipem sem conta nem medida em aterrar o mar e aplainar as montanhas — *in exstruendo mari et montibus coaequandis* —, enquanto que a nós nos escasseiam as coisas

---

3. Edouard Herriot, Le Fórum, em Conferência de 15 de abril de 1923, 379-385.

4. Emile Gebliart, *Les jardins de l'histoire*, 35.

mais necessárias à vida — *nobis ad necessarja deesse*? Eles aí se ostentam a edificar palácios sobre palácios, ao passo que nós não temos um teto sequer para nossas famílias — *nobis tarem laminarem nusquam, ullum esse*. Eles podem praticar todas as loucuras, comprar quadros, estátuas e vasos cinzelados; demolir as casas que mal acabam de construir para, no lugar delas, levantar outras, e nem assim conseguem dilapidar a sua fortuna — *divitias vincere nequeunt*. A nós, entretanto, o quinhão que nos resta é a miséria dentro de casa e as dívidas fora dela — *domi inopia, foris aes alienam* —; um lôbrego presente e um futuro mais lôbrego ainda — *mala res, spes multo asperior* —; apenas nos sobra o mísero anélito que nos prolonga, com a vida, a capacidade de sofrer. *Defique quid reliqui habemus praeter miseram animam?*".[5]

Era, como se vê, o reinado da desordem, da dissolução e da fome.

Aproximava-se a plenitude dos tempos, que os oráculos divinos vaticinavam.

Partindo das Gálias, transposto o Rubicon, avançavam sobre Roma as legiões sublevadas. Desta feita, porém, não era Aníbal, nem era Catilina, era César quem batia às portas da cidade.

Na atmosfera, que sombrias apreensões enegrecem de nuvens borrascosas, pressentem-se a escuridão e o pânico das grandes crises revolucionárias; e a ansiedade geral, levada ao extremo paroxismo, explode e despenha-se em impetuosa, irresistível saraivada de interpelações e de invectivas, de imprecações e de objurgatórias: esfuziante e mortífera "metralha da eloquência", conforme Courier chamar-lhe-ia mais tarde.

E é Cícero quem, revoltado, clama; é ele quem, arrogante e irredutível, protesta e inquire: "Qual será a nossa sorte? Teremos que submeter-nos a tantas e tão vexatórias imposições? Viu-se jamais tamanha audácia? Administras, há dez anos, uma província que o senado não te destinou, mas de que te apossaste pela intriga ou pela violência. Vence-se o termo que tua própria vontade, e não a lei, havia fixado para tua jurisdição. Nomeamos o teu sucessor, mas tu resistes e objetas: Respeitai os meus direitos. Que diremos então dos nossos? Que motivos alegas para conservar o teu exército além dos prazos que o povo determinou? Replicas: haveis de concordar ou de combater.

---

5. Salústio, *Catilina*, p. 20; Gastou Boissier, *La confuration de Catilina*, 153-154.

Pois bem, vamos combater, porque assim teremos ao menos a esperança de vencer ou de morrer livres. *Cum dignitate potius cadamus quam cum ignominia servi, amus*".[6]

E para que às palavras correspondessem os fatos, Cícero resolutamente encaminha-se, por entre sofrimentos, privações e obstáculos, para o campo de Pompeu. Pois, ao seu parecer, era em sua pessoa que morava "a sentinela da pátria e o seu conservador".[7]

Mas a sorte ingrata das armas veio, a breve trecho, dissipar essa ilusão e frustrar essa expectativa. Na batalha de Farsália, com a vitória de César, a república descambou para seu irremediável ocaso.

Cícero, já então avelhentado e enfermiço, não formou naquelas rarefeitas falanges que continuaram a luta contra Júlio César; mas, ao contrário, de retorno à Itália, deixou-se ficar entre aqueles que, inclinada silenciosamente a cabeça diante da inelutabilidade dos fatos consumados, alcançaram a benevolente tolerância do ditador; o qual, generoso por natureza e por sistema — *pro natura et pro instituto* —, "não queria imitar a Sylla, mas, sim, inaugurar um novo método de vencer e perdurar, assentando a própria estabilidade na brandura e na complacência para com os adversários".

Em consequência, pôde Cícero, durante os anos que se seguiram, viver afastado do bulício e dos negócios da vida pública — recolhido ao retiro bucólico de suas vilas de Túsculo e de Fórmia e, enfim — *post tot tantosque labores* —, restituído à amena convivência de seus livros bem amados.

"Sabei" — escrevia ele por essa época a Varrão esta deliciosa página —, "sabei que, desde o meu regresso, me reconciliei com os meus velhos amigos, quero dizer, com os meus livros. Em verdade, se eu lhes fugia, não era porque estivesse agastado com eles, mas porque não os podia olhar sem certa confusão. Parecia-me, com efeito, que, andando empenhado em questões tão tumultuosas, com aliados tão duvidosos, eu não seguia fielmente os seus conselhos. Mas eles me perdoam e me reclamam para sua companhia. Dizem-me também que foste muito mais atilado do que eu,

---

6. Idem, *Ciceron et ses amis*, 15.

7. Cícero, *Pro Milone*, 24.

vivendo sempre junto deles. Agora, porém, que reentrei nas suas boas graças, espero que me seja mais fácil suportar os males que nos acabrunham e tantos outros que ainda impedem sobre nós".[8]

Era esse o meio — acrescentava em carta posterior a Ático — "de conservar ao menos uma meia liberdade, sabendo ocultar-me e calar com certo decoro: *quievi cum aliqua dignitate*".

Discreto e cortês com os poderosos do dia, sim; jamais, entretanto, lhes jurou bandeira. Ao contrário, timbrou sempre em tornar bem conhecidos os seus protestos e as suas reservas contra a nova ordem de coisas. "Dói-me" — exclamava — "ver que o destino da república, que tem de ser imortal, fique sujeito ao alvedrio de um só homem que é mortal." E, persuasivo, argumentava: "o tirano pode ser indulgente; mas que importa ter um senhor bondoso ou cruel? Sob um ou sob outro não se deixa de ser escravo". Petulante, arguia ao próprio ditador: "muito tens feito para granjear a admiração dos homens, mas não conseguiste fazer o suficiente para lhes merecer os elogios". E, decidido, concluía: "uma tal situação ninguém poderia considerá-la como república: *rem publicam non putaret...* Porque só naquelas cidades, em que o povo é soberano, tem seu domicílio a liberdade": *Itaque nulla alia in civitate, nisi in qua: populus potestas est, ullum domicilium libertas habet.*[9]

Em conjunturas de tal gravidade, urgia que o lidador voltasse à brecha e fosse retomar seu posto no senado. Mas o senado não era mais aquela corporação serena e respeitável de que ele antanho participara — estuante de patriotismo, orgulhosa de sua dignidade, intransigente no exercício de suas prerrogativas, impertérrita no cumprimento do seu dever.

Convertido em ajuntamento ruidoso e heteróclito — *deformis et incondita turba* — cujo quorum fora adrede e arbitrariamente aumentado (*senatum supplevit, patricios allegit... numerum ampliavit*); seus decretos já não podiam exprimir o verdadeiro pensamento do povo-rei — *populus late rex* —, porque predominava nas votações a maioria artificial de provincianos e de gauleses adventícios. E esses

---

8. Idem, *Ad familiares*, IX, 1.

9. Idem, *Ad familiares*, IV, 4; idem, *De republica*, I, 31.

cidadãos novatos, improvisados em legisladores, nem só vinham atroar com sua rude algaravia — toda embrechada de solecismos e de barbarismos — os áditos augustos da Aula Hostília; como, no dito mordaz de Suetônio, o tempo apenas lhes sobejara para trocarem suas grossas bragas de galuchos pelo laticlávio purpúreo de senadores: *Galli deposuerunt, bracas, latum clavum sumpserunt.*[10]

Não era este, com certeza, o ambiente propício para o excelso orador, afeito a discutir e a convencer, nem para o destemeroso "guerreiro da vida civil", acostumado a lutar e a comandar, mas a cujos olhos entristecidos se desdobrava o espetáculo de "um tipo novo de soberania (assim está falando *ipsis verbis* Oliveira Martins) que surgia espontaneamente da anarquia da república: era a abdicação do poder democrático instituída em regra e tornada permanente, sem todavia ser declarada. A república existia, existia um senado, existiam cônsules, mas tudo eram ficções, e a realidade única era o poder pessoal de um homem que se vestira a si mesmo com a toga consular... Por isso, a ideia nova era uma paródia de república".[11]

Cerca de um lustro durou essa paródia, da qual foi sangrento epílogo a tragédia dos idos de março. Homem de bem e homem da lei, Cícero não pactuou com o nefando crime, nem se conluiou com os criminosos. Antes, foi com vigorosa e apaixonada dialética que se defendeu e se isentou de qualquer cumplicidade, por mais remota que fosse, no clamoroso atentado. "Haverá porventura" — exclamava indignado — "quem ouvisse jamais citar o meu nome entre os dos autores da façanha? E há entre eles alguém cujo nome se ocultasse ou, ao invés disso, para logo se não publicasse? De maior proveito seria, em verdade, blasonar-se alguém — falsamente embora — de ter sido conivente na conjura bem-sucedida do que pretender exculpar-se dela.

---

10. Bragas: do latim *bracae, bracarum*; "espécie de calças largas apertadas por baixo, semelhantes às que ainda usam os povos muçulmanos". (Santos Saraiva, *Dicionário latino-português*, 4. ed., 155, verb. *bracae*.

11. Oliveira Martins, *História da república romana*, 2º vol., 363-364.

Seria possível que entre tantos conspiradores — de baixa esfera uns, mancebos indiscretos outros — se lograsse esconder o meu nome?".[12]

Convencido, entretanto, de que, com a morte do ditador, desaparecera para sempre a ditadura, Cícero empenha-se ativa e esforçadamente por pacificar os espíritos e restaurar a legalidade. Nesse fito comparece de pronto ao senado, pleiteia e obtém a anistia geral...

Sucedem-se então aqueles torvos e agitados meses durante os quais a fraqueza e a inabilidade dos partidários de Brutus encorajam a ambição e fomentam a audácia de Marco Antônio; desse mesmo Marco Antônio cuja figura — afeiada pela orgia, pela imprudência e pela rapinagem — o próprio Cícero ferreteara, para inequívoca identificação da posteridade, com a dupla aviltante sigla de *eructantem et nauseantem*.

Mas neste momento aparece no cenário uma nova personagem, acorrendo pressurosa da longínqua Apolônia: Caio Júlio Otávio, jovem franzino e obscuro a quem César instituíra seu herdeiro e que ora vem disputar a posse de sua herança. Era a guerra civil iminente. Roma teria de decidir entre os dois rivais — sequiosos ambos de exercer o mando supremo: *regnandi contentio est*.

Cícero, idealista sempre, pensava que, para os romanos, como para ele próprio, a liberdade importava em condição essencial de vida; e, por isso, entre Marco Antônio — que já se comprovara bárbaro, incontinente e despótico — e Otávio — que representava, senão a promessa formal, a fagueira perspectiva de uma possível restauração da ordem e das instituições antigas — *de reddenda republica bis cogitavit* —, o arpinate tomou o partido que lhe apontava a fatalidade de sua vocação. *Res in extremum est adducta discrimen: de liberdade decernitur.*

E porque estava em jogo a liberdade, optou por Otávio...

Soa então a hora tremenda e luminosa das Filípicas.

O senado e o povo romano assistirão agora à derradeira, imortal campanha do orador e do político, em cujo peito de patriota vinham refletir-se funda e doridamente as angústias e as paixões, as intrigas e os dissídios, os embates e os perigos do momento culminante que eles estavam vivendo.

---

12. Cícero, *Philipica II*, 11.

"Volta os teus olhos para a república" — exora ele a Marco Antônio — "congraça-te com ela e faze de mim o que te aprouver... Moço a defendi; na velhice não desertei a sua causa. Afrontei os punhais de Catilina, não recuarei diante dos teus. De bom grado me sacrificarei, se a minha morte apressar a restauração da liberdade... Depois de tantas lutas e de tantas honras, padres conscritos, uma só coisa devo desejar: é que, à hora do meu último alento, desfrute o povo romano de sua plena liberdade; e será esta a maior mercê que me possam conceder os deuses imortais".[13]

Em Otávio concentram-se todas as esperanças de Cícero; e tamanha é a sua confiança nos propósitos e nas afirmativas do sobrinho e sucessor de César que ele não trepida em constituir-se fiador de sua conduta perante o senado.

"Otávio" — adjura ele — "fez à pátria o sacrifício de todas as suas inimizades. Ela é o árbitro único de seus interesses, a conselheira de todas as suas ações. Se ele tomou nas mãos o timão do governo foi para sustentá-la e nunca para subvertê-la. Tenho conhecimento pessoal dos pensamentos desse moço, para quem nada há mais caro do que a república; mais respeitável do que a vossa autoridade; mais precioso do que a estima dos homens de bem; mais agradável do que a verdadeira glória; mais imperioso do que a salvação de Roma. Nisso empenho a minha palavra, padres conscritos, a vós, ao povo romano, à república. Prometo, protesto e garanto, senadores, que Otávio será de futuro tão bom cidadão quanto o é hoje, quanto todos desejamos e esperamos que ele seja amanhã e sempre".[14]

Ao calor ignescente desses exaltados debates deflagrou a luta armada entre Otávio e Marco Antônio. Mas Otávio, vencedor em Modena, preferiu negociar com o vencido a partilha amigável do Império Romano.

O excídio da república e a imolação de seu derradeiro defensor inscreveram-se entre as cláusulas ignominiosas do abominando tratado de paz.[15]

---

13 Ibidem, p. 46; Herbert Eulenberg, *Ciceron*, p. 212.

14. Cícero, *Philipica V*; Herbert, Eulenberg, op. cit., 225.

15. Maffio Maffii, *Cicerone e il suo dramma politico*, 417-418.

Com o excídio da república instaura-se a nova era: a era do cesarismo, enfeixando todos os poderes da soberania nas mãos de um só homem — feito árbitro indiscutível e onipotente dos destinos do povo.

"Sob qualquer nome que se mascarasse esse governo (escreve *ipsis litteris* o historiador Dion Cassius), era no fundo uma realeza. Um só homem se erige em usufrutuário vitalício de todas as magistraturas e lhes absorve todas as atribuições. Prescinde do povo, cuja vontade jamais consulta. É o dono do senado, que nomeia e manobra a seu talante. Simultaneamente cônsul e pontífice, dirige todas as atividades e domina todas as crenças. Investido no poder tribunício, torna-se inviolável e sagrado e, de conseguinte, capitula-se como sacrilégio qualquer ato ou palavra que lhe seja adverso. Censor sob o título de *prefectus morum*, fiscaliza o procedimento dos particulares e pode interferir nos seus mais íntimos negócios. Tudo lhe fica sujeito na vida privada como na vida pública; e sobre o senado, como sobre os mais humildes lares, a sua autoridade se estende — ampla, discricionária, universal."[16]

Com a imolação de Marco Túlio Cícero — perseguido e afinal assassinado, nas cercanias de Fórmia, pelos sicários de Marco Antônio, emudece para sempre a grande voz do patriotismo vigilante, silencia a pregação pugnaz e incorruptível da democracia. A cabeça e as mãos do orador, decepadas do tronco, foram conduzidas para Roma; e a sua língua transpassou-a com um grampo de seus cabelos, num requinte de feminil maldade —, Fúlvia, a bela e vingativa esposa do triúnviro Marco Antônio.

E os cruentos despojos, com tanto vilipêndio profanados, foram expostos — para terror dos vencidos e escarmento dos recalcitrantes — sobre esses mesmos Rastros históricos, onde aquela cabeça, agora inanimada, tanto argumentara e doutrinara: onde aqueles lábios, agora cerrados e hirtos, tão alto haviam clamado pela justiça, pela república e pela pátria.

Então, sobre o díptico sinistro em que se retratavam — de um lado, a usurpação e os desatinos do despotismo triunfante, e, de outro, a vindita,

---

16. Dion Cassius, *História romana*, 53, 17, apud Gastou Boissier, op. cit., 398.

o degredo ou o morticínio decretados contra os mais estrênuos paladinos da ordem legal e das liberdades cívicas; o estilete agudo de Tácito gravou estas sentenças — incisivas, lúgubres e irrevogáveis como um epitáfio: *Divus Augustus eloquentiam sicut coetera placavit Ubi solitudinem faciunt, pacem apellant.* O divino Augusto aplacou a eloquência como tudo o mais... E onde fizeram o deserto dizem que reina a paz...

Se os homens, na fragilidade e na contingência de seu fadário, passam e morrem, os princípios que eles propugnaram, as obras que eles realizaram perduram e subsistem, sempre redivivos e operantes, como paradigmas que ensinam, como símbolos que incessantemente falam às novas gerações: a essas garbosas e atléticas falanges que, na imagem clássica de Lucrécio, se encadeiam na carreira intérmina dos séculos e se transmitem de progênie em progênie, o facho inextinguível do pensamento e da vida — *Quasi cursores vitai tampada tradunt.*

Nem foi diferente, no vigor e na magnificência de suas expressões, o sentido da mensagem que do seu desterro, na ilha de Guernsey, o genial Victor Hugo endereçou "aos brasileiros seus irmãos": "desde que existe a história, duas classes de homens dirigem a humanidade: os opressores e os libertadores. Os primeiros dominam pelo mal, os outros, pelo bem. Mas, de todos os libertadores, o pensador, o intelectual, é o mais eficaz. O espírito fere de morte o mal. Os pensadores emancipam o gênero humano. Sofrem, mas triunfam. E é pelo sacrifício que eles, não raro, alcançam a redenção dos outros. Podem sucumbir no exílio, no cárcere ou no patíbulo. O seu ideal lhes sobrevive; e, mesmo depois de sua morte, continua a tarefa libertadora que eles encetaram em vida".[17]

Ora, é precisamente por isso que Marco Túlio Cícero, ainda hoje — vinte séculos decorridos do seu desaparecimento dentre os vivos —, fala, ensina, exorta...

Ele, que sempre amou a companhia alegre e reconfortante dos moços; ele, que se comprazia em reconhecê-los "como seus discípulos na arte

---

17. Esta mensagem foi publicada *no Diário do Rio de Janeiro* de 7 de dezembro de 1860 e vem transcrita no livro *Teófilo Otoni – Ministro do povo*, de P. Pinheiro Chagas, 271-272.

CÍCERO · 25

de bem-dizer e seus mestres na arte do bom viver";[18] orgulhar-se-ia, com certeza, de ter a sua efígie erguida e honrada sob estas arcadas claustrais que — com ser a noviciaria dos juristas — abrigam à sua sombra uma sementeira de legisladores e uma escola de estadistas: *Est enim domus jurisconsult; sine dubio totius oraculum civitatis... quotidie frequentia civium ac summorum hominum splendore celebratur.*[19]

Juristas, legisladores e estadistas de que anda tão carecida a nossa pátria e de que ela precisa, hoje mais do que nunca, para poder colaborar com lucidez e eficácia na reconstrução social e econômica do "mundo novo de liberdade e de justiça".

E seja esta a derradeira, substancial afirmação desta solenidade, em que os antigos alunos desta casa dileta entregam ao culto de professores e de discípulos a ínclita figura de Marco Túlio Cícero — orador e jurista, político e legislador.

Perene no mármore em que foi entalhada; elegante e senhoril na sua sugestiva atitude oratória; doutoral nos lampejos de eloquência e no fulgor das lições que virtualmente evoca — *fulmina verborum et lumina sententiarum* —: essa estátua aqui fica confiada à guarda e à estimação da mocidade estudiosa do direito, para lhe apontar e clarear, por meio das incertezas e dos perigos da hora presente, as rotas certas e seguras de um porvir ilustre e glorioso.

---

18 Cícero, *Ad familiares*, IX, 16.

19. Idem, *De oratore*, I, p. 45, § 200.

LIVRO I

I

Meu filho, há um ano que você recebe lições de Crátipo, na própria Atenas. Não tenho dúvidas de que fez amplo cabedal de preceitos e regras de moral fornecidos pela filosofia, porque esteve em uma grande cidade, assistido por um mestre de suma autoridade; este capaz de transmitir a mais alta ciência, e aquela, os exemplos.

Mas, como sempre entendi ser vantajoso conjugar letras latinas e gregas, quer na filosofia, quer na eloquência,[20] pensei que seria útil diligenciar para você adquirir mais facilidade, tanto numa como noutra língua. Os romanos que sabem o grego, e mesmo os que não têm tal conhecimento, não ignoram, e estão mesmo persuadidos, que isso muito contribui para desenvolver neles o pensamento e a arte oratória. Siga, portanto, a lição do príncipe dos filósofos deste século e com ele aprenda tudo o que quiser, e você ficará satisfeito consigo mesmo.

Não deixe também de ler minhas obras, nas quais a doutrina pouco difere da dos peripatéticos, pois eles e eu nos ligamos a Sócrates e a Platão.

---

20. *Dicendi exercitatione*: a prática da oratória (Walter Miller, 1913), a arte da oratória (Charles Appuhn, 1933), exercício da retórica (Alfonso de Cartagena, 1422). (N.R.T.)

Use seu próprio pensamento, quando se tratar da essência das coisas; mas, lendo aquilo que escrevo, seu estilo se tornará mais rico e mais cheio. Não pense que eu me creia arrogante, pois cedo a muitos mestres; no terreno da oratória, entretanto, entendo da eloquência, da clareza e da conveniência de um discurso, pois atravessei a vida estudando esses assuntos, e tenho assim o direito de falar deles, acreditando-me nos meus domínios.

Por isso, meu caro Cícero, eu o exorto a ler, com cuidado, não só os meus discursos, mas meus trabalhos filosóficos, cujo número, no momento, não é pequeno. Sem dúvida, nuns há veemência, mas o estilo sereno e ponderado de outros não é de se desprezar. Creio que, até agora, nenhum grego aplicou-se aos dois gêneros: à eloquência dos tribunais e à discussão calma de filosofia, a não ser Demetrius de Phalera, investigador sutil, pouco veemente como orador, mas cheio de encanto, em quem se reconheceria, sem dúvida, um discípulo de Theophrasto.

Outros dirão até que ponto atingi esses dois gêneros; mas o certo é que tratei dos dois.

Imagino que se Platão quisesse exercer a eloquência dos tribunais, reuniria a força à opulência; se Demóstenes quisesse expor o que aprendeu de Platão, faria com elegância e clarividência. Tenho a mesma opinião quanto a Aristóteles e Isócrates: dedicaram-se ao gênero de seu agrado e negligenciaram o outro.

II

Resolvi escrever agora para você, começando pelo que melhor convenha para sua idade e à minha paterna autoridade. Entre as coisas sérias e úteis tratadas pelos filósofos, não conheço nada mais extenso e cuidado do que regras e preceitos que nos transmitiram a propósito de deveres.

Negócios públicos ou privados, civis ou domésticos, ações particulares ou transações, nada em nossa vida escapa ao dever: observá-lo é honesto; negligenciá-lo, desonra. A pesquisa do dever é assunto comum dos filósofos. Como chamar-se filósofo quem não sabe expor doutrina sobre os deveres do homem? Mas há sistemas que, definindo o bem e o mal, desnaturam completamente a ideia de dever.

Quem considera o bem supremo, independente da virtude, e que o baseia no interesse e não na honestidade, quem fica de acordo consigo mesmo, se a bondade de sua natureza não triunfa sobre seus princípios, não saberá praticar quer a amizade, quer a justiça, quer a caridade.

Que se espera de quem considera a dor o maior mal? Qual a temperança de quem considera a volúpia o bem supremo? Essas coisas são de tal clareza e não necessitam de discussão, por isso não as tenho debatido[21].

Para não se desmentirem, muitas doutrinas nada dizem sobre deveres e delas não se deve esperar preceitos sólidos, invariáveis, conforme a natureza; só valem as que veem na honestidade o único bem, ou como um bem preferível aos outros e procurado por si mesmo.

Aos estoicos, aos acadêmicos, aos peripatéticos cabem nos ensinar deveres, porque, há muito, a doutrina de Aríston, de Pirro, de Hérilos foi rejeitada com indignação: para ter o direito de nos dar preceitos, seria preciso que estabelecessem entre as coisas distinção que permitisse chegar ao conhecimento do dever.

Neste estudo, seguiremos, de preferência, os estoicos, mas sem servilismo, como é nosso costume; nós nos saciaremos em suas fontes, quando julgarmos apropriado, mas não abdicaremos de nosso ponto de vista, nosso juízo e nosso arbítrio.

Desde que vamos tratar dos deveres do homem, definamos logo o que chamamos dever, e admiro-me de Panécio não o ter feito. Quando se quer pôr ordem e método numa discussão, é preciso começar definindo a coisa de que se trata, para se ter dela uma ideia nítida e precisa.

III

A questão sobre o dever é dupla: se relaciona com a natureza do bem e do mal e encerra os preceitos que devem regular todas as nossas ações. Na primeira, entram todas as pesquisas desse gênero: se todos os deveres são absolutos, quais os mais importantes e todas as questões semelhantes. Os preceitos dados sobre deveres não dependem também da natureza

---

21. *Tamen sunt a nobis alio loco disputata*: no entanto, eu já as debati em outros lugares. (N.R.T.)

do bem e do mal; contudo, essa relação é menos aparente porque parece ligar-se às instituições sociais. Desses preceitos quero falar neste trabalho. Há ainda outra divisão do dever: o dever mediano e o dever perfeito.[22] O dever perfeito, se se quiser, podemos chamá-lo de equidade, pois os gregos o chamam de *katórthôma*.[23] Já o dever mediano é chamado de *kathêkon*.[24] Tudo o que é correto é definido como dever perfeito, mas o dever mediano é aquele a que se pode dar uma razão plausível.

Segundo Panécio, examinam-se três coisas diferentes quando se quer tomar uma resolução prática. A primeira, se o que se apresenta é honesto ou desonesto; sobre isso a mente muitas vezes se confunde. Em segundo lugar, procura-se saber se a resolução aumenta as coisas agradáveis e as comodidades da vida, as riquezas, os recursos, o poder, o crédito, enfim, se há vantagens para si e para os outros; essa segunda relação se prende à utilidade. Por último, trata-se de saber se aquilo que parece útil na aparência não se opõe ao honesto quando a honestidade nos retém de um lado e o interesse de outro; nessa incerteza, o espírito se encontra nos dois sentidos. Nessa divisão há duas omissões, e omissão é grande defeito numa divisão: não se examina somente se há honestidade ou desonestidade, mas, de duas coisas honestas, qual a mais honesta, assim como, de duas coisas úteis, qual a mais útil. Aquilo que Panécio entendia dividir em três partes comporta cinco. Assim, convém tratar do honesto, mas de um duplo ponto de vista; depois do útil, também num duplo ponto de vista; enfim, comprovar o honesto e o útil.

IV

A natureza pôs em todo ser animado o instinto de conservação, para defender seu corpo e sua vida, para evitar o que prejudica, para procurar todo o necessário com que viver: o alimento, o abrigo e outras coisas desse gênero. Deu, a cada espécie, nos dois sexos, uma atração

---

22. *Medium* e *rectum*.

23. Literalmente, tudo que é feito de forma correta, perfeita. (N.R.T.)

24. Aquilo que é próprio a alguém, que lhe vem no momento certo. (N.R.T.)

mútua que os leva à multiplicação, e certo cuidado de sua prole. Mas há diferença entre o homem e o animal, pois este obedece unicamente aos sentidos, só vive o presente, o que está diante dele, e não tem qualquer sensação de passado e futuro. O homem, ao contrário, com a ajuda da razão, que é o seu galardão, percebe as consequências, a origem, a marcha das coisas, compara-as umas com outras, liga e reata o futuro ao passado; envolve, de um golpe de vista, todo o curso de sua vida, e faz provisão do necessário para seguir em frente.

É ainda recorrendo à razão que a natureza aproxima o homem do homem, fazendo-os conversar e viver em comum. Inspirando-lhe particular ternura pelos filhos, fazendo-os desejar reuniões e manter sociedade entre si: por esses motivos ela os anima a procurar todo o necessário para a conservação e comodidades da vida, não apenas para si mesmos, como para sua mulher, seus filhos e todos aqueles que eles amam e devem proteger. Esses cuidados trazem o espírito desperto, tornando-os mais capazes de agir.

Mas o que é, sobretudo, próprio do homem é a procura da verdade. Assim, logo que nos livrarmos de cuidados e negócios, desejamos ver, entender, aprender qualquer coisa; pensamos que o conhecimento dos segredos ou maravilhas da natureza é indispensável à felicidade; procuramos ver o que é verdadeiro, simples e puro, e conveniente à natureza do homem. Nesse amor à verdade encontramos certa aspiração de independência, fazendo o homem bem-nascido não desejar obedecer a ninguém, senão àquele que o instrui, e o dirige, no interesse comum, de acordo com a justiça e as leis; daí nasce a grandeza d'alma e o desprezo das coisas humanas.

Grande vantagem deu a natureza e a razão ao homem sobre todos os seres animados, outorgando-lhe o sentido da ordem, da bem-aventurança e a medida nas suas ações e palavras. Só ele sente a beleza, a graça, a proporção dos objetos sujeitos à sua vista; e o homem, transportando essa imagem dos objetos materiais ao que só interessa ao espírito, transforma em beleza, constância e ordem seus desejos e suas ações, resguarda-se da desonestidade e da fraqueza, preserva-se da paixão tanto para seus sentimentos quanto para sua conduta. De tudo isso resulta a honestidade que aqui buscamos; honestidade que nada perde de sua beleza, mesmo quando não seja notada, e que é louvável por si própria, ainda quando por ninguém louvada.

V

Meu filho, a forma, ou melhor, a figura da honestidade, se fosse visível aos olhos, excitaria em nós, como disse Platão, um extraordinário amor à sabedoria.

Há quatro fontes de onde deriva tudo o que é honesto. A honestidade consiste em descobrir a verdade pela perspicácia do espírito, ou em manter a sociedade humana dando a cada um o que é seu e observando fielmente às convenções; encontra-se, ainda, ou na grandeza e força da alma indômita e inquebrantável ou nessa ordem e medida perfeita das palavras e ações, resultando daí a moderação e a temperança.

Embora esses quatro elementos da honestidade sejam confundidos e unidos, cada um deles produz certa espécie de deveres: assim, ao primeiro, que não é senão a sabedoria e a prudência, pertence a procura e a descoberta da verdade, sendo mesmo função particular dessa virtude. Aquele que descobre melhor e mais prontamente o que há de verdadeiro em cada coisa, sabendo explicar-lhe a razão, é julgado, com razão, prudente e sábio. A verdade, própria dessa virtude, é, de qualquer maneira, a forma pela qual é exercida.

O objetivo das outras três é a aquisição e a conservação de tudo o que é necessário à vida: a harmonia da sociedade humana, a grandeza d'alma que mais se destaca desprezando os bens e as honras que se pretende para si e para os outros. A ordem, a constância, a moderação e outras virtudes semelhantes entram nessa categoria; não se contentam com a especulação pura, exigem ação. Observando a medida e introduzindo ordem em todas as coisas da vida, ficaremos fiéis à honestidade e à decência.

VI

Dos quatro princípios de que tratamos, o primeiro, que consiste no conhecimento da verdade, é o mais natural no homem. Com efeito, sustenta-nos ardente desejo de saber e de conhecer; encanta-nos ser eminente na ciência; ignorar, errar, enganar-se, iludir-se nos parece desgraça e vergonha.

Mas, nessa inclinação natural e honesta, é preciso evitar dois defeitos: um, dar por conhecidas as coisas desconhecidas, fazendo afirmação temerária; quem quiser evitar tal defeito — e nós todos devemos querer — dará ao exame de cada coisa o tempo e o cuidado necessários. Outro defeito consiste em pôr muito ardor e muito estudo nas coisas obscuras, difíceis e desnecessárias. Esses dois defeitos, se evitados, só merecem louvores pela aplicação e pelo trabalho que consagramos às coisas honestas e, ao mesmo tempo, úteis.

Foi assim que Caio Sulpício distinguiu-se na astronomia, Sexto Pompeu, na geometria, muitos outros na dialética, e ainda outros no direito civil. Todas essas ciências têm por objeto a descoberta da verdade; entretanto, seria contrário ao dever dedicar-se a elas a ponto de esquecer seus negócios. O mérito da virtude está na ação; mas há frequentes intervalos que permitem voltar aos estudos, ou, ainda, à atividade do espírito, que sempre nos impele, mesmo no trabalho, a mantê-los continuamente. Ora, toda atividade do espírito tem por objeto resoluções honestas a tomar sobre coisas que contribuem para a felicidade, ou às pesquisas científicas. Eis o que se deve observar na primeira fonte dos nossos deveres.

VII

Das outras três, a mais fecunda e extensa é a que leva a manter a sociedade, cimentando a união entre os homens. Divide-se em duas partes: a justiça, a mais esplêndida das virtudes, primeira qualidade do homem de bem; e a caridade, que também pode ser denominada bondade ou generosidade. O primeiro dever imposto à justiça é não fazer mal a ninguém, a menos que se tenha de repelir uma ofensa; o segundo é usar em comum os bens de comunhão e tratar como próprios somente os que nos pertencem. Consultando-se a natureza, ver-se-á que não há nada que pertença a um sem ter pertencido a outro; toda a propriedade tem por origem ou uma antiga ocupação, como um povo que se estabelece em uma terra devoluta; ou a vitória, como o fim de uma guerra; ou, enfim, uma lei, um acordo, uma convenção, um sorteio. Assim, dizemos que o território de Arpino pertence aos arpinenses, o de Túsculo, aos tusculanos, e o mesmo de toda a propriedade particular.

Desde que cada um tem sua parte nos bens de origem comum, cada um deve conservar seu lote, e se quiser levar vantagem, viola as leis sociais. Mas, como muitas vezes, seguindo as nobres palavras de Platão, não nascemos sozinhos, assim o que possuímos devemos, em parte, à nossa terra e à nossa gente. Segundo os estoicos, todos os produtos da terra se destinam aos usos dos homens, e os próprios homens são criados por seus semelhantes, a fim de que possam se ajudar uns aos outros; devemos, por isso, tomar por guia a natureza, colocando nossas faculdades a serviço de um comércio recíproco de boa vontade, empenhados tanto em dar como em receber, empregando nossos talentos, nossa indústria, em assegurar os laços sociais.

O fundamento da justiça é a boa-fé, ou seja, a sinceridade nas palavras e a fidelidade nas convenções. Embora isso possa parecer forçado, imitamos os estoicos, que procuravam cuidadosamente a etimologia de cada termo; cremos que boa-fé vem de fazer, porque se faz o que se diz.

Quanto à injustiça, há duas espécies: uma a que é ação dos que injuriam, outra que é omissão quando, podendo impedir, não o fazemos. Atacar injustamente seus semelhantes, por movimento de cólera ou outra qualquer paixão, é como levar a mão à cara do próximo; não impedir uma injustiça, quando tal se pode fazer, é como abandonar seus pais, seus amigos, sua pátria. Uma injustiça premeditada é sempre fruto do medo, decidindo-se assim pelo temor, deixando-se prevenir, e sendo por isso vítima de si mesmo. Muitas injustiças são cometidas procurando-se o objeto de nossas ambições; poder-se-á afirmar que a cupidez é o seu principal móvel.

VIII

O desejo de riquezas, ordinariamente, tem por princípio a necessidade ou os prazeres; mas os homens de espírito elevado só procuram o dinheiro para adquirir crédito e aumentar sua reputação. Marco Crasso dizia recentemente que o cidadão que quisesse ser o primeiro no Estado não seria bastante rico se não pudesse, com suas rendas, manter todo um exército.

Outros adoram a magnificência, o luxo, a abundância e o encanto nas coisas da vida; daí a sede imoderada de riquezas. Ninguém censurará o homem que procura aumentar seus bens, mas é preciso resguardar-se da injustiça. Muitas vezes esquece-se o dever de ser justo quando a alma se inflama do desejo de mando, de honras, de glória. É o que diz Enius:

> A amizade se trai pelo cetro
> e os conselhos são assim desprezados.

Uma verdade de âmbito muito extenso. Desde que há número reduzido de primeiros lugares, há tão ardentes rivalidades que será difícil fazer respeitar direitos. É o que vimos na temerária empresa de Caio César, derrubando todas as leis divinas e humanas para chegar à dignidade que ele, falsamente, entendia ser a primeira.

O que é mais incômodo é a paixão das honras, do mando, do poder, da glória, que de ordinário ampara as maiores almas e brilhantes gênios, trazendo assim prevenção contra as ilusões desse gênero. Em toda a injustiça cumpre examinar se provém de perturbação instantânea da alma — ordinariamente de pouca duração — ou se é propósito deliberado. Aquelas que resultam de primeiro impulso são menos graves que as preparadas e refletidas; são, contudo, o fundamento frequente da injustiça que se comete com o próximo.

IX

Muitas causas fazem negligenciar a proteção para com o seu semelhante, um dos deveres do homem. No temor de se adquirir inimizades, de se desgastar, de despender muito, se é levado, por negligência, preguiça e inércia ou por dedicação e ardor para uma ocupação de seu gosto, a deixar sem defesa a quem se deve proteger. Acredito que Platão não tivesse muita indulgência para com os filósofos quando disse que são justos ocupando--se da procura da verdade e professando soberano desprezo pelas coisas que os homens desejam ardentemente. Sem dúvida evitam essa primeira espécie de injustiça, que consiste em fazer mal ao próximo; mas caem em outra, pois a paixão pelo estudo os faz abandonar quem deviam amparar.

Assim, esses sábios, a menos que sejam forçados, não costumam aceitar funções públicas. Seria, pois, mais razoável que o fizessem de bom grado, pois uma ação, mesmo honesta, não é justa se não é voluntária. Certos homens, por dedicação extrema a seus interesses privados ou por misantropia, dizem que se dedicam exclusivamente a seus próprios negócios, e assim ninguém poderia incriminá-los de qualquer coisa. Evitam, em verdade, a primeira espécie de injustiça, mas caem em outra: com efeito, abandonam a sociedade e não a ajudam com seus cuidados, nem com suas indústrias, nem com seus talentos.

Depois de ter assim determinado as duas espécies de injustiça com as causas que lhe são próprias, depois de ter estabelecido anteriormente em que consiste a injustiça, não será difícil reconhecer o que o dever nos prescreve em cada circunstância, a menos que o amor-próprio nos feche os olhos. É muito difícil interessar-se pelos negócios alheios. Cremes, personagem de Terêncio, disse: "nada que vejo nos homens me estranha". Sentimos que o bem e o mal que vêm a nós vão aos outros. Não vemos senão longe o mal e o bem, vendo diferentemente o que nos diz respeito e o que se refere aos outros.

Têm razão os que ensinam que é preciso abster-se de fazer algo quando se duvida se é justo ou injusto. Com efeito, a equidade brilha por si mesma; a dúvida é sempre presunção de injustiça.

X

Muitas vezes, se apresentam circunstâncias ou resoluções que parecem dignas de um homem justo, daqueles que chamamos homens de bem, mas que, mudando de natureza, tornam tudo ao contrário; assim, a justiça permite, algumas vezes, não devolver um depósito, não cumprir uma promessa, e outras coisas que interessam à verdade e à boa-fé. É necessário, com efeito, reportar-se a esses princípios de justiça estabelecidos desde o início; começando por não lesar a ninguém e, em seguida, servir o interesse comum.

LIVRO I · 39

Tais princípios mudam com as circunstâncias, assim como também muda o dever. Pode acontecer de a execução de um contrato ou de uma promessa ser prejudicial àquele que prometeu, ou àquele que contratou. Interroguemos a fábula: "se Netuno não tivesse admitido a promessa feita a Teseu, Teseu não teria perdido seu filho Hipólito". Diz-se, com efeito, que, das três promessas[25] que ele havia feito, a última era a que ele formulou num movimento de cólera, desejando a morte de Hipólito; e quanto lhe custou de lágrimas e dor obtendo o que desejava.

Se você promete a alguém coisa que lhe seja funesta ou mesmo mais nociva que vantajosa, estará dispensado de sua palavra, porque não é contrário à justiça preferir um grande dever a um menor. Assim, se alguém promete a um homem assisti-lo perante o tribunal, e, por acaso, seu filho cai perigosamente doente, não pecará contra seu dever faltando à sua palavra, pois aquele a quem prometeu será mais culpado se não justificar a falta.

Quem não vê, entretanto, que não se está ligado a uma promessa quando o medo arrasa ou o ardil surpreende? Na maior parte dos casos, o arbítrio do pretor e a própria lei os anulam. Vou mais longe: muitas vezes se é injusto agarrando-se muito à letra, interpretando a lei com tal finura que ela se torna artificiosa. De onde o provérbio: *Summum ius, summa iniuria.*[26]

Os próprios governos não estão muito isentos dessas injustiças, tal como o general que, tendo concluído com o inimigo uma trégua de trinta dias, destruiu de noite seu acampamento, sob pretexto de que a trégua só era para o dia e não para a noite.

Eu não saberia aprovar a conduta de Quinto Fabio Labeão, ou não sei que outro de nossos concidadãos, sei, entretanto, que a história é verdadeira (porque o sei por ouvir dizer): conta-se que o enviado pelo senado, na qualidade de árbitro para regular os limites do território de Nola e o de Nápoles, quando chegou a tais lugares, chamou à parte uns após outros, exortou-os a pôr de lado toda a cupidez, toda a ambição, a ceder o terreno em vez de o usurpar. Consentiram, e um pequeno território

---

25. As três promessas: voltar do Hades com segurança, sair do labirinto, e a morte de Hipólito. (N.R.T.)

26. Quanto mais leis existirem, maiores serão as injustiças. (N.R.T.)

XI

Há, contudo, deveres a serem observados quando somos injuriados. A vingança e a punição têm medida. Pode ser que nos contentemos em repreender quem nos ofendeu, o bastante para impedi-lo e para conter os outros. Nas querelas da república devem-se observar rigorosamente as leis de guerra.

Há duas maneiras de defender seus direitos, pela discussão e pela força; uma digna do homem, outra própria do animal; quando não se quer fazer uso da primeira, permite-se recorrer à segunda, pois que o único fim da guerra será uma paz garantida contra toda a injúria. Depois da vitória poupam-se aqueles que não se mostraram cruéis nem bárbaros; assim, nossos maiores outorgaram o direito de cidade aos tusculanos, aos equos, aos volscos, aos sabinos, aos hérnicos, ao passo que destruíram completamente Cartago e Numância.

Por que não pouparam Corinto? Tinham suas razões; sem dúvida porque essa cidade, pela sua situação, poderia fornecer pretexto para nova guerra.

Por mim, entendo que nunca se deve rejeitar proposições de paz quando não há aparência de perfídia; se quisessem me ouvir, teríamos uma república, talvez a melhor de todas, e não a que existe. De um lado, é preciso consolar os que foram vencidos pela força; de outro, receber generosamente os sitiados que depuseram armas e se colocaram à disposição do general, ainda quando o cerco começa a penetrar na muralha. Sobre isso, a justiça foi tão bem observada por nossos maiores que aqueles que tinham recebido a submissão das cidades e nações tornavam-se seus protetores.

As condições que justificam uma guerra têm sido consignadas pelo direito *fecial*[27] do povo romano, quando estabelece como única guerra

---

27. O *fecial* era um sacerdote romano cujas funções eram o aconselhamento em relação às políticas e tratados com outros estados, declaravam guerra e propunham a paz. (N.R.T.)

legítima aquela que é feita para reivindicar um território usurpado, ou depois de declaração formal, contendo os motivos.

Pompílio, governador de uma província, tinha no seu exército um filho de Catão, que fazia suas primeiras armas. Esse general deliberou licenciar uma legião, e o filho de Catão, que dela fazia parte, se encontrava licenciado; mas, como gostava de guerra, ficou no exército. Catão escreveu a Pompílio que, se ele consentisse em ter seu filho sob sua bandeira, era preciso engajá-lo de novo, pois que, tendo sido o primeiro dispensado, não podia legalmente combater o inimigo: tanto era ele rigoroso em observar as leis de guerra. Temos ainda a carta que o velho Catão escreveu a seu filho Marcos, que servia na Macedônia na época da guerra contra Perseu: "soube" — diz ele — "que foste licenciado pelo cônsul. Cuidado em se meter em qualquer combate: desde que não se é soldado, não se tem o direito de combater".

XII

Sobre isso quero observar: mudamos o nome de *perduellis*, que designava, propriamente, inimigo, pelo de *hostis* (convidado, visita), temperando assim a doçura da palavra com a dureza da coisa. Com efeito, nossos antepassados chamavam de *hostis* ao que hoje chamamos de *peregrinus* (visita, peregrino). Lê-se na Lei das Doze Tábuas: *Aut dies status cum hoste*;[28] e mais adiante, *Auctoritas aeterna adversus hostem*.[29] Há alguma coisa mais humana que dar nomes tão moderados a quem nos faz a guerra? Contudo, com o tempo, o nome se tornou duro, e só se diz de quem toma armas contra nós.

Mesmo quando se luta pela supremacia, sendo a glória a finalidade da guerra, não é menos indispensável a existência de uma razão legítima. De outro lado, uma guerra dessa natureza deve ser conduzida com maior animosidade. Nas guerras civis se comportam diferentemente com um inimigo e com um competidor; com este se disputa uma dignidade, uma magistratura; com o outro se defende a vida, a honra.

---

28. Um dia estabelecido com um estrangeiro. (N.R.T.)

29. O direito de propriedade é sempre inalienável em relação aos estrangeiros. (N.R.T.)

Fizemos a guerra aos celtiberos e aos cimbros como a inimigos por uma questão de existência e não de supremacia; ao contrário, com os latinos, os sabinos, os samnitas, os cartagineses, ao rei Pirro, só combatemos pelo império. Os cartagineses foram pérfidos, Aníbal, cruel; mas os outros não se mostravam mais justos. Lembra-se a nobre resposta de Pirro quando se tratou do resgate dos prisioneiros:

Romanos, para mim nem o ouro, nem resgate para mim!
Não transformemos a guerra num tráfico infame!
Que o ferro, não o ouro, decida a nossa sorte,
Para saber quem possuirá o Império!
Que o valor decida. Escutai minhas palavras!
Àqueles que o destino da batalha poupar,
Eu juro deixar a doce liberdade.
Levareis vossos prisioneiros, Pirro os devolverá,
Tomando por testemunha a majestade dos deuses.

São palavras dignas de um rei, dignas do sangue de Eácidas.

XIII

O cidadão que, mesmo sob pressão das circunstâncias, fez uma promessa ao inimigo, deve manter sua palavra.

Na primeira guerra púnica, Régulo, preso pelos cartagineses, foi enviado a Roma para tratar da troca de prisioneiros e jurou voltar. Quando chegou, aconselhou o senado a não devolver os cativos; depois, apesar das súplicas de parentes e amigos, voltou, e preferiu submeter-se ao suplício que faltar à palavra dada ao inimigo.

No tempo da segunda guerra púnica, após a batalha de Canas, Aníbal enviou prisioneiros a Roma para negociarem o resgate de cativos, depois de tê-los feito jurar que retornariam se nada obtivessem; os que se tornaram perjuros foram degradados pelos censores e relegados toda a vida para a classe dos tributários, sem exclusão do que recorreu à astúcia para se desembaraçar de compromisso. Com efeito, saindo do acampamento com permissão de Aníbal, voltou sob pretexto de que havia se esquecido de qualquer coisa; retornou em seguida, crendo-se quite com a sua palavra por não ter estado nos termos do tratado.

Ora, a palavra empenhada deve sempre refletir o que se pensa e não o que se diz. Nossos antepassados deram um lindo exemplo de justiça para o inimigo. Um desertor do exército de Pirro ofereceu-se ao senado para envenenar o rei; o senado e Caio Fabrício entregaram o desertor a Pirro. Recusaram assim comprar com um crime a morte de um inimigo poderoso e que declarou guerra sem ser provocado. Mas é o bastante sobre os deveres na guerra.

Observemos ainda que devemos praticar justiça mesmo com as pessoas das classes mais baixas. Não há ninguém de classe e fortuna mais humilde que os escravos; eles são tratados como mercenários aos quais se exige trabalho a troco do necessário para viverem.

Quanto à injustiça, é cometida de duas maneiras: pela violência e pela fraude. Uma pertence à raposa, a outra, ao leão. Todas as duas são indignas do homem, mas a fraude é mais odiosa. De todas as injustiças, a mais abominável é a desses homens que, quando enganam, procuram parecer homens de bem. É o bastante sobre a justiça.

XIV

Agora, como me propus, falarei da gentileza e da generosidade, virtudes muito conformes à natureza humana, mas que exigem precauções. É preciso ter em vista que a nossa gentileza não humilhe a quem queremos fazer o bem, nem aos demais; depois, que nossa generosidade não ultrapasse nossos recursos; enfim, devemos dar a cada um o que merece; aí o fundamento da justiça, ao qual é necessário reportar-se.

Com efeito, quem faz um favor a outro prejudicando não deve ser visto como homem generoso e benfeitor, mas complacente, pernicioso. Quando se faz mal a alguém para se mostrar generoso para outros, se é tão injusto quanto aquele que se apropria de bens de outros.

Não faltam pessoas, sobretudo ambiciosas de glória e lustre, que roubam de uns para dar a outros; imaginam que passam a benfeitores de seus amigos, porque os enriquecem da maneira que podem. Mas, assim, em cumprindo um dever, pode-se dizer, nada mais contrário ao dever. Façamos com que nossa generosidade aproveite os nossos amigos e não os constranja. Lúcio Sula e Caio César não se mostraram generosos quando despojaram proprietários legítimos para enriquecer estranhos; não há generosidade onde não há justiça.

A segunda precaução de que falamos é a de que nossa generosidade não deve ultrapassar nossos recursos. Com efeito, aqueles que querem ser mais generosos do que o permitido pela sua fortuna são duplamente culpados. São injustos com o próximo, pois que transferem a estranhos aquilo que seria mais justo conservar em família. De outra parte, essa sorte de generosidade leva muitas vezes a tomar os bens dos outros para ter o que entreter suas larguezas. Vê-se, assim, que, menos por generosidade natural que por desejo de glória, querem alguns passar por generosos, fazendo mais por ostentação que por inclinação. Essa falsa virtude pertence mais à vaidade que à generosidade e à honestidade.

Enfim, a terceira precaução consiste em regular as generosidades conforme a necessidade de cada um, tendo em vista os costumes da pessoa, sua disposição em relação a nós, o grau de ligação e a amizade conosco: os serviços que nos prestam. É desejável que tais motivos estejam reunidos, escolhendo os maiores e os mais numerosos para decidir nossas preferências.

XV

Convivemos com pessoas nem perfeitas nem suficientemente sábias, por isso já é muito encontrar qualquer virtude nelas. Penso mesmo que os que têm em si qualquer traço disso não devem ser negligenciados.

Devem-se procurar de preferência os que são dotados das virtudes mais serenas, da moderação, da temperança e dessa justiça de que já falamos, porque a força e a grandeza d'alma são, em regra, ardorosas em quem não é perfeito nem sábio. As primeiras virtudes são próprias dos homens de bem. Isso a propósito de costumes.

Quanto à afeição que cada um pode ter por nós, nosso primeiro dever é dar mais a quem nos tem amizade; somente não julguemos a afeição pelo seu ardor, como fazem os jovens, mas sobretudo pela solidez e constância.

Se recebermos serviços de maneira que se trate mais de liberalidade que de reconhecimento, é preciso testemunhar essa afeição com mais empenho, pois o mais essencial de todos os deveres é o reconhecimento. Hesíodo entende que se deve devolver com possível usura o que se pediu emprestado. Que faremos quando nos obsequiam com uma gentileza? Não imitaremos essas terras férteis que devolvem muito mais do que receberam? Não hesitamos em prestar serviços para aquele do qual esperamos qualquer gentileza? Há duas maneiras de sermos generosos, dar e devolver; somos senhores de dar ou não dar; mas o homem honesto não pode dispensar-se de devolver, fazendo-o sem constranger ninguém.

Há, contudo, necessidade de diferenciar os benefícios recebidos. Não há dúvida de que a maioria não nos obriga. Mas, é sobretudo indispensável pesar o zelo, a afeição daquele que nos prestou serviço. Tanta gente, com efeito, age por capricho, sem discernimento nem medida, atirando benemerência ao acaso, como a pena ao vento; tais serviços não podem ser comparados com aqueles que são prestados com reflexão, juízo e constância.

Quando se trata de prestar ou retribuir uma benemerência, é nosso dever, quando não são iguais, preferir quem tem maior necessidade. A maioria faz o contrário, dando preferência aos de quem mais esperam, mesmo que estes não tenham necessidade.

XVI

O que faz, sobretudo, manter a união e a boa harmonia entre os homens é que cada um se dedica particularmente a prestar serviços àqueles a que estão mais estreitamente ligados. Para entender bem quais os princípios naturais da sociedade, é preciso vê-los de mais alto.

O primeiro compreende todo o gênero humano: é o comércio da razão e da palavra. Com efeito, instruindo uns aos outros, comunicando seus pensamentos, discutindo, apresentando juízos, os homens se aproximam, formando um tipo natural de sociedade. Isso nos distingue dos animais. Reconhecemos a força dos cavalos e leões, por exemplo, mas nunca lhes atribuímos equidade, justiça ou bondade, porque eles não têm razão nem palavra.

A sociedade, que é muito extensa, e que une todos os homens, uns aos outros, exige que se deixem em comum todas as coisas que a natureza produz para uso geral, além de que se observe o que consta das leis e do direito; isso não impede de se ater ao provérbio dos gregos: "tudo é comum entre amigos".[30]

Ora, as coisas comuns entre todos os homens podem ser reconhecidas na aplicação das palavras de Quinto Ênio a todas as coisas do mesmo gênero:

Mostrar gentilmente o caminho ao desgarrado
é como iluminar sua lâmpada pela nossa,
a qual não perde o brilho ao acender a dele.

Esse único exemplo nos mostra que devemos estar sempre prontos a fazer qualquer coisa, mesmo a um desconhecido, quando a nós nada custa. Daí as máximas:

Não impedir ninguém de beber em água corrente;
Dar fogo a quem nos pede;
Aconselhar de boa-fé a quem procura um conselho.

Coisas úteis a quem recebe e nada custa a quem as dá. Devemos praticar sempre tais máximas e contribuir para a utilidade coletiva.

Contudo, como os recursos de cada um têm seus limites, e os que necessitam são em número infinito, é preciso restringir a generosidade geral e regular-se segundo a palavra de Quinto Ênio, "a qual não perde o brilho" para que possamos fazer o bem aos que nos são mais caros.

XVII

Há muitos graus de associação entre os homens. Depois dessa primeira sociedade, que é universal, que é o gênero humano, vem a dos que formam um só povo e falam a mesma língua; une mais estreitamente os

---

30. Cf. Platão, *Fédro*, 279c; Aristóteles, *Ética*, VIII, p. 11 (*koiná gàr tà tôn fílôn*). (N.R.T.)

homens. Outro círculo mais fechado é o dos que habitam a mesma cidade. Muitas coisas são comuns para esses cidadãos: fórum, templo, pórticos, ruas, leis, direitos, tribunais, sufrágios, ligações, amizades, relações de negócios e de interesse. Enfim, os laços de sangue são mais imediatos; pois, por aí, na imensa sociedade humana, chegamos ao seu círculo mais restrito.

Como a natureza estabeleceu nos animais a vontade de se reproduzir, a primeira de todas as associações é o casamento; a seguinte é entre os filhos e os pais; assim, a habitação e todas as coisas em comum. Esse é o princípio da cidade, o berçário da república. Em seguida, vem a sociedade dos irmãos, depois, a dos primos e seus filhos; e quando não podem mais continuar na mesma casa, eles vão habitar outras, formando colônias. Aparecem as alianças entre elas pelo casamento, aumentando o número de parentes; dessa maneira, pela multiplicação das famílias, se formam as repúblicas. Os laços de sangue unem os homens por uma amizade e afeição recíprocas. Grande motivo de atração é terem os mesmos monumentos de família, os mesmos deuses e uma sepultura comum.

Mas a mais bela e a mais sólida das associações é a que a amizade, pela conformidade de inclinação, estabelece entre pessoas de bem. Com efeito, essa probidade, de que falo muitas vezes, nos encanta e nos faz gostar de quem a possui. Toda a virtude nos atrai à pessoa e nos torna atenciosos para com ela, sendo certo que a justiça e a generosidade produzem muitas vezes este efeito: nada inspira mais afeição e a cimenta mais solidamente do que a conformidade de sentimentos. Quando dois homens têm os mesmos gostos, as mesmas vontades, amam seu semelhante como a si mesmos, chegam àquilo que Pitágoras esperava da amizade, "que muitos não sejam senão um". Uma espécie de união muito estreita, fundada sobre a troca de bons ofícios, bem como os benefícios, quando mútuos e agradáveis, formam laços extremamente sólidos.

Quando o espírito percorre todas as sociedades humanas, não encontra nada mais empolgante do que as relações entre nós e a pátria. Temos amor por nossos pais, por nossos filhos, pelo próximo, por nossos amigos; mas só a pátria enfeixa todos os amores. Qual o homem de bem que hesitaria em morrer por ela, se algo pudesse servir com essa morte? Isso torna tanto mais execrável a barbárie daqueles que a assolam com os maiores atentados e os que trabalhavam e trabalham ainda para a perder.

Se se quiser estabelecer comparação, procurando o que mais obriga ao dever, deve-se colocar em primeiro lugar a pátria e nossos pais, a quem somos obrigados por tantas benemerências; em seguida virão os filhos, toda a nossa família, que sustentamos e da qual somos o único refúgio, e, depois, aqueles com os quais convivemos pelos sentimentos e cujo destino é comum. Para eles procuramos todos os recursos indispensáveis; mas, para esse comércio íntimo pelo qual vivemos, põe-se tudo em comum, pensamentos, palavras, estímulos, consolações, algumas vezes reprovações, tudo isso em função da amizade, que é estabelecida pela conformidade dos temperamentos, na mais estimável das sociedades.

XVIII

Obrigando-se a esses deveres, é preciso considerar quais as necessidades mais prementes de cada qual e tratar de saber o que cada um pode, ou não pode, conseguir sem nós. Assim os graus de amizade nos colocam segundo as circunstâncias. Há serviços que precisam ser prestados antes de outros; ajuda-se um vizinho a fazer a colheita, antes que a um irmão e a um amigo; mas se se trata de um processo, é preciso defender o parente ou o amigo antes do vizinho.

Em matéria de deveres, é preciso ter em vista todas as circunstâncias; por hábito e exercício, saber apreciá-los, saber aditar, diminuir, somar o que resta: reconhecer o que se deve a cada um. Nem os médicos, nem os generais, nem os oradores, quem quer que tenha estudado os segredos da sua arte, nada poderão fazer de grande, de glorioso, se não tiverem reunido a prática à teoria. Da mesma forma, para bem atender a deveres e suas regras, nada mais importante e mais difícil do que o seu uso e exercício.

Eis aí, em breves traços, o bastante para fazer ver como, de princípios que servem de fundamento à sociedade humana, deriva essa honestidade que, por si mesma, é fonte de dever. Entre os quatro princípios geradores da honestidade e do dever, lembremos que o mais destacado de todos é essa grandeza, essa elevação de alma, que nos põe acima das coisas humanas. Desse modo, não há maior censura na oportunidade que se apresenta:

Jovens, em vossos peitos há ânimos feminis
Essa virgem heroica tem mais bravura que vós.[31]

Ou, melhor ainda:

Os espólios de Salmacis,[32] obtidos sem sangue e sem suor.

Ao contrário, quando somos testemunhas de ações inspiradas por uma grande e generosa alma, parece que o nosso encantamento a eleva e a honra. Daí os rasgos de oratória sobre Maratona, Salamina, Termópilas e Leuctra. Essa grandeza d'alma fez brilharem os Cocles, os Decius, os Públios Cipiões, os Marcos Marcelos e tantos outros; é por ela que brilha, entre tantas nações, o povo romano. É também por sua paixão pelo brilho das armas que erige, por feitos de guerra, suas estátuas.

XIX

Essa grandeza d'alma que ressalta nos trabalhos e nos perigos deve vir acompanhada da justiça. Se, em lugar de servir o bem comum, é empregada para si próprio e suas vantagens particulares, longe de ser virtude, é vício, é brutalidade que sufoca todo o sentimento humanitário.

Os estoicos definiram admiravelmente a força da alma quando disseram que é uma virtude que combate pela justiça, pois que nunca viram chegar à glória os que recorreram a ardil e à traição para se fazerem admirar. Nada há de honesto sem justiça. Este pensamento de Platão é

---

31. Refere-se à Clélia, virgem heroica que, dada como refém, regressou a Roma. (N.T.)

32. Na mitologia grega, Salmacis é uma ninfa aquática (náiade) que vivia em uma fonte na região de Cária, na Anatólia. Ovídio (*Metamorfoses*, Livro IV, p. 306-312) diz que, diferentemente das outras ninfas, Salmacis não corria e não caçava, preferia o lazer. Apaixonou-se por Hermafrodito e a ele se fundiu. (N.R.T.)

admirável: "não somente a ciência separada da probidade deve ser considerada astúcia e não sabedoria; a coragem, que afronta perigos, mas tem por móvel o interesse particular e não a comum utilidade, deve ser chamada audácia e não bravura".

Parece-nos que só há verdadeira grandeza e verdadeira coragem nos homens que são ao mesmo tempo bem formados, sinceros, amigos da verdade e incapazes de enganar: todas essas qualidades são do homem justo. Mas é triste verificar que, muitas vezes, ao lado dessa elevação, dessa grandeza d'alma se misturam a obstinação e o desejo desenfreado de supremacia. E como Platão disse que todo lacedemônio respirava o desejo de vencer, nós vemos que o desejo de dominar todos os outros, ou de dominar sozinho, é uma forma ordinária da grandeza d'alma.

Ora, desde que se queira elevar acima dos outros, é difícil respeitar a equidade própria da justiça. Assim, os ambiciosos não sabem ceder a nenhuma de suas pretensões nem se deixam conter pela autoridade pública e legítima.

Vemos no seio da pátria homens que se tornam pródigos, formando facções para aumentar seu poder e dominar pela força, antes de procurar igualar-se a seus concidadãos pela justiça. Quanto mais difícil a moderação, mais grandiosa é ela, porque não há na vida nenhuma circunstância na qual a justiça não deva ser observada. Temos como mais fortes e magnânimos os que repelem a injustiça do que os que a cometem.

A verdadeira e sábia grandeza d'alma entende que essa honestidade trazida pela natureza consiste, sobretudo, nas ações, e não na glória; o que lhe agrada é a realidade e não o primeiro plano. Não contamos entre os grandes homens aqueles que norteiam sua conduta pelas falsas opiniões da multidão. O desejo da glória leva facilmente os maiores nomes à injustiça; e, tanto o passo é escorregadio que apenas se encontra um homem entre muitos que tentam grandes empresas, ou se arriscam a grandes perigos, que não pretenda a glória como recompensa devida.

XX

Por duas coisas se reconhece uma alma grande e forte: uma no desprezo dos bens exteriores, fundado na persuasão de que o homem só deve admirar, desejar, procurar aquilo que seja honesto e benemerente, sendo indigno dele ceder quer a outro homem, quer à sua paixão, quer à fortuna; a outra, sequência natural da disposição de alma de que falei, consiste em executar coisas que não somente sejam grandes e úteis, mas também cheias de dificuldades e que não alcancem sua finalidade sem sacrificar sua fortuna e sua vida.

Dessas duas qualidades, a última tem por ela todo o encanto, toda a grandeza, diria mesmo toda a utilidade; a primeira é a que faz, propriamente, grandes homens, porque por ela se produzem essas nobres almas, cheias de desprezo pelas coisas humanas. Dois traços a identificam: achar bom só o que é honesto e ser isento de qualquer paixão. Com efeito, desprezar o vulgar pelo que é bom e glorioso, baseado em razões firmes e constantes, é característica de almas grandes e fortes; suportar os mais rudes golpes da fortuna e os mais cruéis acidentes da vida, sem sair de seu círculo, sem perder a dignidade de sábio, é próprio de almas firmes e constantes.

Não é consequente que quem é impassível ao temor seja accessível à cupidez, como quem não se deixa fatigar nos trabalhos seja vencido pela volúpia.

É preciso resguardar-se e, sobretudo, preservar-se da avareza, porque nada prova maior baixeza e fraquezas da alma que o amor ao dinheiro; ao contrário, nada denuncia melhor a grandeza d'alma e a nobreza de coração que o desprezo da riqueza quando nada se possui, ou quando, possuindo, dela se faz bom uso, com liberalidade e benemerência.

É preciso, também, como já disse, prevenir-se contra o amor à glória, pois isso nos rouba esta liberdade pela qual os grandes corações devem lutar contra o poder. Não ambicionemos comandos; saibamos, sobretudo, segundo as circunstâncias, recusá-los ou deixá-los. Livremo-nos de toda a paixão, não só da ambição, do temor, mas também da inquietação, da alegria, da cólera; conservemos essa tranquilidade, essa segurança que nos trazem dignidade e constância. É o amor a essa tranquilidade que levou tantos homens, em todos os tempos, e ainda hoje, a se afastarem dos negócios públicos e procurar refúgio no retiro. Nesse número, há filósofos ilustres e, como eles, personagens graves e austeros, que não puderam se acomodar nem aos costumes do povo nem aos dos maiorais. Uns passarão sua vida nos campos, satisfeitos em dirigir seus bens. Estes têm o mesmo plano dos reis: não necessitam de nada, não dependem de ninguém, gozam liberdade, que consiste, principalmente, em viver como se quer.

XXI

Havendo a mesma finalidade tanto para os que ambicionam o poder como para os que gostam do repouso, os primeiros pensam em atingi-los adquirindo grandes riquezas, os outros se contentam com o pouco que têm. Não se pode condenar nem uns nem outros; mas a vida dos últimos é mais fácil, mais segura, menos incômoda e menos dependente de outros.

A vida dos homens que se consagraram à administração pública e a conduzir grandes negócios é mais útil à humanidade e, por isso, cercada de esplendores e consideração. Pode-se conceder aos que se afastam dos negócios, levados pelo gosto da ciência, e aos que, pela saúde frágil, ou outra razão séria, a renúncia à administração, deixando a outros a autoridade e a glória, porém os que desprezam esses comandos e essas magistraturas, deixando-os entregues a outrem, sem qualquer justificativa, longe de ser louvados, devem ser censurados. Com efeito, seria difícil não aprovar o sentimento que os faça desprezar e não dar valor à glória; mas eles parecem temer, como vergonha e infâmia, os cuidados que engendram rivalidades, mortificações que trazem repulsa.

Há homens que não são os mesmos quando a sorte lhes é contrária; desprezam soberanamente as volúpias, mas não podem moderar a dor; desprezam a glória, mas uma afronta os abate; e, certamente, são incapazes de provar grande constância.

Todos os que têm tendência para negócios devem, sem hesitação, procurar empregos na administração. De outra forma, como a república seria administrada e em que ocasião poderia mostrar grandeza d'alma? Mas os homens públicos, tanto ou talvez mais que os filósofos, têm necessidade dessa elevação de sentimentos, desse desprezo das coisas humanas de que falo muitas vezes, dessa tranquilidade de alma, dessa segurança perfeita.

Só por aí podem se defender de turbações e inquietudes, conservando a dignidade e a igualdade na conduta. Isso custa menos aos filósofos, cuja vida é menos exposta aos tratos da fortuna e que têm menos necessidades; e, se acaso provam alguma desgraça, não caem de tão alto.

Assim é muito natural que os que estão em cargos eminentes da república experimentem emoções mais fortes que os que vivem em retiro, pois têm grandes coisas a fazer. Têm, sobretudo, mais necessidade de apelar para a ajuda da grandeza d'alma, e mostrar-se acima de todas as ansiedades.

Quando se ingressa nos cargos públicos, nunca é demais considerar a honestidade de seus fins; é preciso também atender aos meios, evitando o desencorajamento, que produz a preguiça e a presunção, que inspira a ambição. Em tudo, antes de empreender, é preciso preparar-se com cuidado.

XXII

Muitos admitem que as grandes ações militares estejam acima das grandes ações civis; é opinião que se deve destruir. É verdade que muitos homens estimam, procuram a guerra porque aspiram a glória; de ordinário são grandes espíritos, sobretudo quando têm gênio e paixão pela guerra.

Mas, se quisermos ser justos julgando as coisas, quantos acontecimentos civis encontraremos mais importantes e mais gloriosos que os altos feitos militares?

Ainda que sejam justos os louvores a Temístocles, mesmo seu nome sendo mais célebre que o de Sólon, e que sua magnífica vitória em Salamina seja posta acima da instituição do Areópago, esta última glória não deve parecer menos brilhante que a primeira. Uma foi útil à pátria uma única vez, a outra será eternamente; é a esta sábia instituição que os atenienses devem a conservação de suas leis e dos costumes de seus ancestrais. Temístocles não poderia dizer que ajudou ao Areópago, ao passo que o Areópago foi de grande socorro a Temístocles. Com efeito, se a guerra foi empreendida, o foi pelos conselhos do senado, instituído por Sólon.

Isso também se poderá dizer de Pausânias e de Lisandro; ainda que a dominação pelos lacedemônios fosse obra dos dois generais, estes nada

54 · DOS DEVERES

fizeram comparável às leis e à disciplina de Licurgo; esses generais devem suas vitórias à disciplina e à bravura de suas tropas. Para mim, na minha juventude, não achei Marco Escauro superior a Caio Mário; nem Quinto Catulo a Cneu Pompeu, quando eu já exercia funções públicas, pois as armas são impotentes quando não são acompanhadas de sábios conselhos.

O segundo Africano, grande homem, grande capitão, não serviu melhor à república destruindo Numância que seu contemporâneo Públio Nasica, homem modesto, matando Tibério Graco. Verdade é que a ação de Públio Nasica não foi só civil, mas entraram também reais ações guerreiras, pois não foi um golpe de mão vigoroso, mas o resultado de uma deliberação civil, rematada pelo exército.

Assim, o que se pode dizer dos maus e invejosos é uma linda máxima:

Cedant arma toga, concedat laurea laudi.[33]

Para não dizer de outros, sob meu consulado as armas não cederam à toga? Nunca a república correu perigo mais sério e nunca gozou maior tranquilidade. Graças aos meus conselhos, às minhas atitudes, as armas caíram das mãos de cidadãos mais audaciosos. Qual guerra já realizou algo tão grandioso? Porque glorificar-me perante você a guerra, meu filho Marco? Pois a você pertence a herança de minha glória e o dever de imitar minhas condutas. O próprio Cneu Pompeu, que tem tanto direito de vangloriar-se da guerra, deu-me publicamente seu testemunho, dizendo que em vão mereceria pela terceira vez as honras do triunfo se minha sabedoria não tivesse conservado sua pátria para o receber. Há assim um valor civil que não é menor que o valor militar, e que reclama mais perseverança e dedicação.

XXIII

Essa probidade que pedimos a uma alma grande e elevada depende da força do espírito e não da do corpo. É preciso exercitar o corpo e o colocar

---

33. Que as armas cedam lugar à toga; os triunfos militares, ao louvor cívico. (N.R.T.)

em estado de obedecer ao espírito quando se trata da execução dos negócios e de suportar trabalhos. Mas, antes de tudo, a probidade que procurávamos reside inteira na atividade do espírito e no pensamento, e por isso os magistrados que governam a república não são menos úteis que os generais que comandam seus exércitos.

Muitas vezes, pelos conselhos desses magistrados, as guerras são evitadas e terminadas, e, algumas vezes, declaradas; assim, a terceira guerra púnica foi empreendida após conselhos de Marco Catão, cuja autoridade prevalecia mesmo depois de sua morte.

A capacidade indispensável para deliberar sobre uma guerra é mais desejável que o valor nos campos de batalha: é necessário resguardar-se para que isso seja no interesse da pátria e não pelo temor da guerra. Decidida a guerra, só se deve procurar a paz.

O que caracteriza uma alma forte e constante é não se empolgar no mau sucesso, não se deixando envolver pelo seu âmbito, mas conservar presença de espírito e não se afastar da razão.

Quanto às grandes almas, às inteligências superiores, devem prever o futuro e regular com antecedência tudo o que devem fazer; qualquer rumo que as coisas tomem, não devem se expor temerariamente para não terem de dizer: "nisso eu não pensei". Eis o que fazem as almas verdadeiramente grandes e que confiam na sua prudência e sabedoria.

Agir temerariamente no combate, medir-se corpo a corpo com o inimigo, é pura ferocidade, que tem mais de animal que de humano. Contudo, quando há necessidade, é preciso saber encarar a luta, preferindo a morte à escravidão e à desonra.

XXIV

Quando se resolve arrasar ou saquear uma cidade tomada, é preciso verificar de bem perto se não vamos fazê-lo temerária nem cruelmente. E, depois, com coração magnânimo, agir, refletindo bem, punindo somente os culpados, poupando o povo, seguindo sempre o que a equidade e a honestidade prescrevem. Alguns colocam, como já disse, acima das belas ações civis, os feitos militares; outros, os conselhos violentos e temerários acima das deliberações tranquilas. O temor do perigo não deve nunca fazer crer que seja fraqueza ou lassidão. Mas não nos devemos expor inutilmente e com alegria, porque não há nada de mais insensato. É preciso, nesse terreno, imitar os médicos, que empregam remédios brandos nas doenças ligeiras, e só usam os violentos e ocasionais quando a gravidade do mal os força a isso. Desejar tempestade em mar calmo é loucura; mas quando vem a tempestade, é sabedoria enfrentá-la, sobretudo quando a espera do mal a temer gera a incerteza.

As ações arriscadas são perigosas, tanto para os que as suscitam como para a república. Uns se arriscam pela conservação de sua própria vida, outros, pela sua glória e estima de seus concidadãos.

Devemos arriscar a vida pela honra e pela glória e não por outras vantagens.

Veem-se, contudo, homens que não hesitaram em expor seus bens e sua vida pela pátria, não se dispondo a sacrificar, mesmo quando pedida, a menor parte de sua glória. Assim, Calicrátidas, que comandava os lacedemônios na Guerra do Peloponeso, e tendo conquistado assinalados sucessos, quase se arruinou por não ter querido ouvir os que lhe aconselhavam a retirada da frota das ilhas Arginusas, não vindo combater os atenienses. Eis o que ele respondeu: "quando os lacedemônios perderem essa frota, poderão equipar outra; mas eu não posso ordenar retirada sem me desonrar". É verdade que a perda dos lacedemônios foi tolerável, mas eles receberam golpe bem mais pernicioso quando Cleômbroto, pelo temor da desonra, entregou a batalha a Epaminondas. O poderio da Lacedemônia caiu. Foi mais digna de elogios a conduta de Quinto Máximo, de quem Ênio disse:

Pela sua sábia lentidão elevou o império.
Para salvar os romanos desafiava seus rumores,
Sua já grande glória mais se engrandecerá.

É preciso, nos negócios, evitar esses erros, porque há pessoas que, para não se aborrecerem, não ousam propor o que lhes parece mais útil.

XXV

Quem quiser governar deve observar estas duas regras de Platão: uma, ter em vista somente o bem público, sem se preocupar com a sua situação pessoal; outra, estender suas preocupações igualmente a todo o Estado, não negligenciando uma parte para atender a outra. Porque quem governa a república é tutor que deve zelar pelo bem de seu pupilo e não o seu; aquele que protege só uma parte dos cidadãos, sem se preocupar com os outros, introduz no Estado os mais perniciosos dos flagelos, a discórdia e a sedição. Isso faz com que uns passem por amigos do povo, outros, por defensores da aristocracia, poucos, por benfeitores de todo o Estado. Foi o que causou tantas sedições entre os atenienses e entre nós, trazendo guerras civis desastrosas. Eis os males que todo homem sábio, firme e digno deve temer para poder conservar-se em primeiro plano na sua pátria. Entregar-se-á inteiramente à pátria; não deve ter por finalidade o poder e a riqueza, seus cuidados devem ser tanto pela coisa particular quanto pela geral; nunca chegar a expor quem quer que seja ao ódio público por falsas acusações, e ser tão seguro ao que prescrevem a honradez e a justiça que, antes de se afastar delas, estará sempre disposto a afrontar todos os obstáculos, arriscando a própria vida.

Nada pior do que a ambição e as rivalidades na procura de honrarias; e sobre isso disse admiravelmente Platão, que aqueles que disputam quem governará a república são como os pilotos que discutem quem deve tomar o leme. Diz ainda aquele filósofo que devemos olhar como inimigos aqueles que fazem guerra à república, e não àqueles que querem que ela se governe pelos seus conselhos e não pelos nossos. Quinto Metelu e Público Africano, conquanto fossem de partidos políticos diversos, nunca se entregaram a animosidades.

Livre-se daqueles que creem ser indispensável odiar seus inimigos e que tomam tal ódio como característico de uma alma grande e forte, pois nada mais louvável, nada mais digno de um grande coração, que a demência e o esquecimento de injúrias.

Num povo livre, onde os cidadãos são iguais perante a lei, é preciso ainda acostumar-se à doçura e ao que se chama demência; porque, se

58 · DOS DEVERES

rechaçamos bruscamente ou um visitante importuno ou um pedinte temerário, nós nos faremos odiados sem nenhuma utilidade. É preciso afabilidade e moderação, mas, quando se trata do bem do Estado, é preciso severidade, sem a qual o governo se torna impossível. Quando se precisa repreender, ou mesmo castigar, deve-se se abster de ultrajes e só ter por finalidade o bem da república, sem procurar qualquer vantagem para si. É preciso prestar atenção, evitando que a pena seja maior que a falta, e que certos delitos deixem de ser punidos quando outros o são. É preciso, sobretudo, não aliar a cólera ao castigo, porque quem pune com arrebatamento não se cinge aos justos limites entre muito e muito pouco, tão recomendados pelos peripatéticos. Tinham eles toda a razão, pois faziam ao mesmo tempo o elogio da cólera como um presente útil da natureza. A cólera não se permite aos governantes, que devem ser como as leis, que punem não por cólera, mas por justiça.

XXVI

Quando a fortuna nos sorri e temos tudo o que desejamos, então devemos nos defender, com mais cuidado, do orgulho, do desprezo e da arrogância. Não há maior mesquinhez de espírito do que não saber carregar a boa ou a má fortuna; nada mais belo que conservar, em quaisquer situações, uma alma igual, uma fronte serena, como fizeram, segundo se diz, Sócrates e Caio Lélio. Filipe, rei da Macedônia, superado por seu filho em glória e em feitos militares; foi-lhe superior em humanidade e doçura. Um foi sempre grande, o outro se deixou levar, mais de uma vez, por coisas torpes. Nada mais sábia que a regra pela qual quanto mais nos elevamos, mais modestamente nos devemos conduzir.

Panécio lembra essa comparação, feita mais de uma vez pelo Africano, seu discípulo e amigo:

> Da mesma maneira que quando o tumulto dos combates torna os cavalos muito ariscos e eles são dados aos domadores para que os amansem e os tornem mais dóceis, quando os homens são insuflados pela prosperidade, tornando-os cheios de presunçosa confiança, devem ser submetidos ao

jugo da razão, e aprender a conhecer a precariedade das coisas humanas e a inconstância da fortuna.

É sobretudo na prosperidade que se deve pedir conselho aos amigos, dando-lhes, sobre nós, maior autoridade: aí é que se deve resguardar contra lisonjeiros, tapando os ouvidos aos aduladores que procuram seduzir incautos, pois está na nossa subconsciência que merecemos os louvores que nos dão. Daí uma infinidade de erros entre os homens enfatuados, que inspiram gracejos a todo mundo e se atiram às maiores faltas. Sobre isso já dissemos o suficiente.

O governo dos estados é, sem qualquer dúvida, o que dá azo a grandes coisas e exige a maior força d'alma por causa da extensão da administração, envolvendo tantos interesses; mas ninguém poderá negar que há grandeza d'alma naqueles que, em todos os tempos, e mesmo em nossos dias, fechados em certo círculo, tomaram partido, retirando-se da luta para entregar-se a árduos estudos e pesquisas importantes. Há outros que, colocados entre filósofos e homens de Estado, encontram o encanto de sua vida conduzindo negócios, não para aumentar fortuna e gozá-la sozinho, mas para ajudar amigos e, se necessário, a república. Que sua fortuna seja adquirida sem nenhuma transação vergonhosa ou odiosa, que seja útil ao maior número possível de pessoas, desde que útil para as de bem; que aumente, pela ordem, a atividade, a economia; que não sirva ao luxo e à devassidão, mas à liberalidade e à caridade. Observando tais preceitos, pode-se viver bem, com dignidade e nobreza, sendo, ao mesmo tempo, simples, leal e útil aos semelhantes.

XXVII

Agora nos resta falar da última fonte da probidade, compreendendo a modéstia, a temperança e o recato, ornamentos da vida, apaziguadores de todas as paixões e medida de tudo. Aqui deve ser colocado também o que, em latim, chamamos *decorum*[34] e, em grego, *prépon*. É tal sua natureza que não pode ser separado da probidade, pois o probo é decente.

---

34. Em latim: decoro, próprio, decente. (N.R.T.)

Se há diferença entre um e outro, é mais cômodo conceber que explicar. Nunca se vê melhor o que é prescrito pelo decoro que não esteja compreendido na probidade. Mas não é somente nesta parte da probidade que a decência encontra lugar, mas também nas outras três. Por exemplo, é conveniente consultar a razão, falando judiciosamente, considerando o que é verdade e o que não é; ao contrário, é indecoroso estar errado, enganando-se, tomar o falso pelo verdadeiro, como disparatar e estar fora do bom senso. Tudo o que é justo é decente: ao contrário, tudo o que é injusto fere o decoro e os bons costumes. Da mesma forma se vê a fortaleza: toda a ação corajosa, toda a ação viril é digna de um grande coração e conforme a decência; toda a ação contrária, por sua vez, é indecente e vergonhosa.

O que se chama de decoro é de tal maneira da essência de tudo o que é honesto que se percebe ao primeiro golpe de vista. Sente-se que toda virtude é acompanhada de certa decência, e que se é possível separar uma de outra, é mais pelo pensamento do que na realidade; pois não é possível separá-las, assim como não se pode separar a beleza da saúde. Mas ainda que a virtude e a decência sejam inseparáveis a ponto de não se poder separá-las, pode-se, como disse, distingui-las em pensamento.

Há duas espécies de decoro: uma geral, encontrada em tudo que é honesto; outra, particular, pertencente a cada virtude. A primeira, de ordinário, se define mais ou menos assim: o decoro é o que convém, por excelência, ao homem, o distingue dos animais. A segunda define-se dizendo que é um certo ar de nobreza e de dignidade, o que resulta da temperança e da moderação dirigidas pela natureza.

XXVIII

Para confirmar isso que acabamos de dizer, observemos o decoro seguido pelos poetas, mas não é aqui que essas coisas precisam ser ditas. Quando dizemos que um poeta observa a decência, é porque ele faz seus personagens falarem e agirem de acordo com seu caráter. Exemplo, caso se quisesse dizer como Éaco e Minos: "Eles podem me odiar porque me temem".

Ou ainda: "O pai servirá de túmulo a seus filhos...".

Dir-se-á que a conveniência não foi observada, pois sabemos que eram homens justos. Mas se Atreu, assim falando no teatro, é aplaudido, é porque suas palavras convêm ao personagem. Os poetas, por si próprios, julgam o que convém ao seu elenco. A própria natureza, para nós, estabeleceu nosso papel quando nos colocou acima dos outros animais. Portanto, se aos poetas compete ver, na grande variedade de seus personagens, o que convém a cada um, e até aos mais perversos; se a natureza nos dotou de constância, moderação, temperança, modéstia e nos ensinou a não negligenciar a maneira de nossa conduta diante de nossos semelhantes, nos deu ensejo de compreender esse decoro geral inseparável de tudo que é honesto e esse decoro particular que aparece em cada virtude.

Ora, como a beleza que consiste na disposição e na conveniência das partes no mesmo corpo agrada naturalmente aos olhos, por essa conveniência, justamente, é que agrada; assim, a decência que se destaca na vida nos traz, pela ordem e conveniência de nossa conduta, pela medida de nossas palavras e nossa ação, a estima das pessoas com as quais convivemos.

Devemos ter por todos os homens certo respeito, principalmente para os honestos, uma vez que, para não nos preocupar com o que pensam de nós, é preciso ser orgulhoso ou dissoluto. Há, entretanto, nas relações com os outros, uma diferença entre os que admitem a justiça e prescrevem a moderação. A justiça nos proíbe lesar aos outros; a moderação, de ofendê-los, e nisso o decoro se manifesta. Creio que disse o necessário sobre meu conceito de decoro.

Quanto aos deveres que dele decorrem, o decoro se torna mais sensível, primeiro observando as leis da natureza, mantendo a ordem por ela estabelecida, tomando-a por guia, para dela não nos afastarmos nunca, quer na procura do que as luzes do espírito possam iluminar, quer no que convém à sociedade humana, quer no que se exige da força e da coragem; mas, sobretudo, nas virtudes de que tratamos. Ela não deve apenas reger os movimentos interiores e corpóreos, mas, principalmente, os do espírito, pois é necessário que uns e outros sejam determinados pela natureza.

Há duas forças agindo sobre nós, uma é a ambição (em grego, *hormê*),[35] que nos leva de um lado para outro; outra, é a razão, que, nos instruindo, mostra o que devemos e o que não devemos fazer. É necessário assim que a razão governe e que a ambição a ela se submeta.

XXIX

Evitemos, ainda, em todas as nossas ações, a temeridade e a negligência; nunca façamos aquilo que não possamos justificar; isso, de qualquer maneira, é o resumo de todos os nossos deveres. Assim, é preciso que a ambição seja submetida à razão sem nunca a prevenir por temeridade, fraqueza ou preguiça; para isso, é preciso que se torne calma, sem desordem espiritual. Isso é a fonte de toda a constância, de toda a moderação.

Quando há ardor no espírito, quando ele está sujeito a movimentos violentos de desejo e de temor, não é possível a razão dirigi-lo, não sabendo guardar a justa medida. Quando a natureza quer a ambição submetida à razão, sacode o seu jugo e, desde que não se conduz por ela, porá em desordem tanto o corpo como o espírito.

Basta olhar para quem se acha possuído de cólera ou qualquer outra paixão violenta, de desejo ou de temor, e mesmo de qualquer movimento excessivo de alegria; como muda a fisionomia, o tom da voz, o gesto e todo o seu exterior. Conclui-se, pois, que para restabelecer as regras do dever, é preciso, absolutamente, reprimir e acalmar os movimentos da ambição, exercer sobre nós mesmos uma censura contínua, a fim de não agir temerária e aventurosamente, nada fazendo que pareça atarantado ou negligenciado.

A natureza não só nos preparou para jogos e divertimentos, mas para estudos severos, ocupações graves e importantes. Não que, algumas vezes, não se permita diversões, mas nunca usá-las como se usa dormir; qualquer recreação só se deve ter depois de tratar de assuntos sérios. Deve-se evitar que os divertimentos sejam excessivos, porém que sejam

---

35. O texto original usa o termo latino *appetitus* (isto é, ad + peto, "sair em busca de"), que significa ataque, início e, por extensão, forte desejo, desejo apaixonado; o grego *hormê* significa pôr em rápido movimento, atacar. Na filosofia estoica, os dois termos significam "apetite", que pode ser uma escolha racional ou um impulso irracional. (N.R.T.)

alegres e honestos. Se só permitimos às crianças certos jogos que lhes tragam a noção de honestidade, com maior razão devemos ter o cuidado de transparecê-la em nossas diversões.

Há duas espécies de pilhérias: uma, grosseira, baixa, vergonhosa, obscena; outra, delicada, fina, engenhosa, picante. Desta se encontra traços em Plauto, nos antigos cômicos gregos, nos livros dos discípulos de Sócrates, e em grande número de bons ditos desse gênero, recolhidos e conservados por Catão, o Velho, nos seus Apotegmas (breves ditados morais).

Distingue-se a jovialidade das pessoas bem-educadas das malcriadas; ao passo que uma tem certa doçura, a outra é indigna do último dos homens, principalmente quando emprega palavras grosseiras e de baixo calão. Os divertimentos devem ter suas fronteiras, não indo muito longe, evitando que o prazer nos possa levar a fazer coisas indecentes e vergonhosas. A caça e os exercícios do Campo de Marte oferecem exemplos de diversões honestas.

XXX

Quanto aos deveres, é preciso lembrar-se que a natureza do homem é superior à dos animais. Os animais só são sensíveis aos prazeres do corpo e se comportam impetuosamente; mas o espírito humano se nutre de instrução; sua mente está sempre em ação, e o prazer de ver e entender é atração contínua. Mesmo entre os que são inteiramente brutos (porque há homens que o são só de nome), quando se sentem envolvidos pela volúpia, uma secreta vergonha faz com que se escondam, mostrando que os prazeres do corpo se sentem envolvidos pela volúpia, têm algo que derroga a nobreza da espécie humana, desprezando e rejeitando tais coisas. Portanto, a quem quer entregar-se aos prazeres convém guardar a necessária medida e procurar não na volúpia, mas na nutrição e em tudo o que se possa relacionar com o corpo, a conservação das forças e da saúde; pois por pouco que lembre a excelência e a dignidade da natureza, ver-se-á claramente que nada há de mais vergonhoso que uma vida abandonada à sensualidade. Ao contrário, nada de mais honesto que uma vida frugal, severa, sóbria e temperante.

Lembre-se que a natureza nos deu dupla personalidade: uma, comum a todos nós, quinhão de razão e dignidade que nos eleva acima dos animais, princípio de todos os nossos deveres, e de onde derivam o que se chama dignidade e decência; a outra, própria de cada um de nós. Assim como há diferença entre os homens segundo suas qualidades corporais, que fazem uns leves e próprios para as corridas, outros, robustos e próprios para a luta, prevalecendo nuns a dignidade, noutros a amabilidade, também entre os espíritos há as mesmas situações.

Lúcio Crasso e Lúcio Felipe tinham muita graça: Caio César, filho de Lúcio, tinha maior, pois possuía arte. Ao mesmo tempo em Marco Escauro, muito jovem, notava-se rara severidade; em Caio Lélio, muita jovialidade, e, em Cipião, seu amigo, mais ambição e costumes mais austeros. Entre os gregos, dizem que Sócrates era suave e jovial, de conversação agradável, empregando frases engenhosas, pelo que foi denominado o Irônico, *eirôn*,[36] em grego. Pitágoras e Péricles, sem nenhuma jovialidade de espírito, adquiriram grande autoridade. Sabemos que, entre os generais cartagineses, Aníbal era o mais astuto, e entre os nossos, Quinto Máximo, hábeis os dois em esconder, em dissimular, trocar seus planos, armar emboscadas, prevenindo-se dos planos dos inimigos. Nessa primeira plana os gregos colocavam Temístocles e Jasão de Feras. Cita-se como traço de grande habilidade a astúcia de Sólon, que se comprazia em parecer insensato para pôr sua vida em segurança e melhor servir a sua pátria.

Em contraposição, há pessoas de maneiras simples e desassombradas; creem que não devem usar artifícios nem surpresas; amam a verdade, têm horror aos enganos. Outros, para atingirem sua finalidade, tudo sofrem, pondo-se a serviço de quem os queira. Eram assim Sula e Marco Crasso. O lacedemônio Lisandro passou por ser o mais astuto e o mais paciente dos capitães; Calicrátidas, que comandava a esquadra, era justamente o contrário. Tivemos, assim, homens de grande autoridade que, na conversa, punham tanta simplicidade que os tomaríamos como homens vulgares; assim também eram os dois Catulos, pai e filho, e Quinto Múcio Mância. Os antigos diziam o mesmo de Públio Cipião

---

36. Aquele que fala menos do que pensa. (N.R.T.)

Násica. Ao contrário, seu pai, que salvou a república dos atentados de Tibério Graco, não era afável nas conversas; dizem que Xenócrates, o mais severo dos filósofos, por essa severidade granjeou grande reputação. Entre os homens, pode-se lembrar uma infinidade de caracteres diversos sem que a nenhum se possa condenar.

XXXI

Para conquistar esse decoro de que falamos, é preciso que cada um mantenha sua personalidade, desde que esta nada tenha de mau nem vicioso. Devemos nos conduzir de tal maneira que, sem ser contrário ao que a natureza exige de todos nós, mantenhamos nosso próprio caráter, sem pretender ocupações mais graves e elevadas, escolhendo as que mais convêm ao nosso espírito, pois contra a natureza se lutará em vão. Nada fará melhor compreender o que é decente que o seguinte provérbio: "o que se faz para desagradar Minerva — quer dizer a natureza — não fica bem". Só fica bem uma perfeita uniformidade de vida e de conduta, pois ninguém saberá conservar seu natural imitando os outros.

Cada um deve falar a sua língua e não enxertá-la de palavras gregas, como fazem certas pessoas que se tornam ridículas; da mesma maneira, é preciso que cada um conserve seu caráter e não faça disparates na vida e nas ações.

Tão pronunciada é essa diferença de caracteres próprios que, algumas vezes, na mesma conjuntura, uns resolvem matar-se, outros, não. Marco Catão e os que se renderam a César na África não estavam na mesma situação? Entretanto, os que preferiram se render a se suicidar não merecem censura, porque sua vida era menos austera e seus costumes, mais fáceis. Mas, para Catão, a quem a natureza deu uma formidável firmeza d'alma, aumentada por uma constância nunca desmentida, estava no seu caráter morrer antes de ver o rosto do tirano.

Quanto não sofreu Ulisses nessa longa cadeia de viagens e aventuras, reduzido a servir mulheres, se Circe e Calipso puderem ser assim chamadas, obrigado em todas as suas atitudes a se acomodar e a ceder aos caprichos de seus hóspedes! Quantos ultrajes ele suportou, em sua própria casa, de criados e escravos! Enfim, a que não teria ele se resignado para atingir o que pretendia? Ao contrário, Ajax teria preferido morrer a sofrer tais coisas.

Todas essas considerações nos ensinam que cada um deve tratar de conhecer seu caráter, tratando de discipliná-lo, e que não se deve se preocupar com o caráter dos outros, pois aperfeiçoar seu caráter é sempre melhor. Cada um deve tratar de conhecer o próprio temperamento, julgando severamente o que ele tem de bom e de mau. Usemos da mesma prudência e juízo dos comediantes, que escolhem, entre as peças teatrais, não as melhores, mas as que mais lhes convêm. Os que têm voz forte preferem os Epígonos e Medusa, os que melhor gesticulam escolhem Menalipe e Clitenestre; Rupílio, lembro-me, representava sempre Antíope, ao passo que Esopo evitava representar Ajax. Um comediante trata de ver o que lhe convém no palco, e um homem honesto não pode tratar de ver o que lhe convém na vida?

Tratemos de nos aplicar, principalmente, às coisas que mais nos convêm; e, quando nos vemos forçados a tratar de coisas que não estão na nossa índole, façamos de maneira que, pelo esforço cuidadoso, pelo exercício, pela aplicação, desde que não as possamos conseguir inteiramente, façamos da melhor forma possível. Não nos iludamos procurando adquirir qualidades que a natureza não nos deu; evitemos as deficiências.

XXXII

Às duas espécies de que já falei é preciso juntar uma terceira, imposta por uma certa fortuna e pela conjuntura. Há, ainda, uma quarta, inteiramente de nossa escolha. O comando dos exércitos, a nobreza, as dignidades, as riquezas, o crédito e as coisas opostas a isso dependem da fortuna e das circunstâncias; mas a personalidade que queremos criar é resultado da nossa vontade.

Assim, uns se aplicam à filosofia, outros, ao estudo das leis; outros, à eloquência; há mesmo virtudes que agradam mais a uns que a outros. Aqueles cujos pais se ilustraram por qualquer gênero de glória procuram ordinariamente excedê-los na mesma carreira. Assim é que Quinto Múcio, filho de Públio, se ligou ao estudo das leis, e o Africano, filho de Paulo Emílio, à arte da guerra. Alguns aumentam novos méritos aos que herdaram de seus pais, como Cipião, que juntava à glória da eloquência a glória militar. É o que fez Timóteo, filho de Conon, que, não sendo inferior a seu pai nas qualidades militares, elevou-as ainda por grande cabedal de espírito e de ciência. Acontece algumas vezes que, sem esforçar-se para acompanhar os passos de seus pais, toma-se rumo diferente, e é o que fazem, sobretudo, os que, sendo de nascimento obscuro, não deixam de aspirar algo de grandioso. São esses os objetivos abrangidos pela mente quando queremos encontrar decoro.

Comecemos por procurar saber o que queremos ser e que gênero de vida pretendemos seguir; determinação muito difícil. Na juventude, como não se tem suficiente razão para seguir o que se deseja, deixa-se levar pelo que mais agrada; e assim nos vemos presos a um gênero de vida antes de ter ocasião de julgar o que é melhor. Sei que Xenofonte, segundo Pródico, lembrava que Hércules, desde a primeira juventude, época destinada à escolha de um gênero de vida, retirou-se para a solidão, e aí, vendo diante dele os caminhos seguidos pela Volúpia e pela Virtude,[37] ensimesmou-se para saber qual devia se-

---

37. Xenofonte assim conta essa alegoria: "O sábio Pródico, na sua obra a respeito de Hércules, assim expressou ideias sobre a virtude. Eis o que, mais ou menos, disse: 'Hércules chegou àquela idade em que os jovens percebem que está na hora de escolher o caminho a seguir — o da virtude ou o do vício. Estava indeciso. Nessa ocasião, duas formosas mulheres se lhe apresentaram. Uma se fez notar pela decência e nobreza no porte — trazia um vestido branco. A outra, lânguida, perfeita de corpo, enfeitara-se, dando cores ao rosto, esforçando-se para ser garbosa; seus olhos eram grandes, seus enfeites, preparados para realçar seus encantos. Observava se a fitavam e voltava-se muitas vezes para examinar sua própria sombra. Aproximaram-se. Ao passo que a primeira seguia calmamente o seu caminho, a outra correu para Hércules e lhe disse: – Vejo que hesitas sobre a estrada que deves seguir. Toma-me por amiga que te conduzirei por caminhos felizes e fáceis, para gozar de todos os prazeres. Não te ocuparás de guerras, nem de negócios. Passarás a vida apreciando finas iguarias e sorvendo agradáveis bebidas. Descobrirei o que possa encantar teus olhos e teus ouvidos, deleitar teu olfato, agradar teu paladar. Tratarei de todos os encantos que as coisas te possam proporcionar. Dormirás em colchões macios, sem desgastes para tuas alegrias. Toma-me; encarregar-me-ei de ficar com os trabalhos e fadigas do corpo e do espírito. Aproveitarás os trabalhos dos outros; quaisquer fontes de ganho serão legítimas. Aos que me seguem dou tudo que é útil. – Qual o teu nome? – perguntou Hércules. – Meus amigos – respondeu – me chamam Felicidade; meus inimigos, para me ultrajarem, me chamam Volúpia. – Então, a outra mulher avançou e disse: – Também me dirijo a ti, Hércules. Conheço os que te trouxeram ao mundo; desde a tua infância acompanhei tua educação. Se me seguires, farás belas e gloriosas ações, gozarás junto aos

guir; mas o que pode o filho de Júpiter não será possível para nós, que imitamos quem nos agrada e somos levados a seguir o seu exemplo!

A maior parte, imbuída dos preconceitos de seus pais, alia suas tendências aos seus hábitos; outros, levados pela opinião das multidões, não encontram nada de belo senão no que admiram. Alguns, quer por

---

homens virtuosos de maior honra e consideração. Não te enganarei prometendo prazeres, mas explicarei a verdade das coisas tal como os deuses a estabeleceram. Sem trabalho e constância, os deuses não dão aos homens nada de belo e honroso; se queres que eles te sejam propícios, deves honrá-los. Se queres que teus amigos te queiram, deves lhes fazer benefícios; se queres que tua pátria te honre, serve-a; se queres que a Grécia te admire, seja útil à Grécia; se queres que a terra te liberalize frutos, cultiva-a; se queres enriquecer vendendo teus rebanhos, cuida deles; se queres tornar-te respeitável pelas guerras, tornando livres teus amigos e subjugando teus inimigos, aprende a arte da guerra junto aos que a conhecem; se queres adquirir força corporal, habitua teu corpo a submeter-se aos exercícios; se queres vencer, cultiva tua inteligência, sujeitando-a ao trabalho e aos costumes. A Volúpia replicou, então: – Compreendes, Hércules, como é penoso o caminho que te traça essa mulher para alcançares a felicidade? Por um caminho fácil e curto a ela te conduzirei. – "Miserável! – lhe diz a Virtude –, quais os bens que possuis? Que prazeres podes conhecer, tu, que nada fazes para adquiri-los? Não esperas pelo desejo; saciada, antes de aproveitá-lo, comes antes de ter fome, bebes antes de ter sede; para comer com prazer procuras hábeis cozinheiros; para beber com delícia, escolhes delicados vinhos; para um sono agradável precisas de grossos cobertores, cama macia e bons tapetes. Não é a fadiga, mas a ociosidade, que te traz o sono. No amor, prevines e ultrajas a natureza. Consegues amigos: degradando-os durante a noite, absorvendo-os na parte útil do dia. És rejeitada pelos deuses e pelos homens honestos; nunca ouviste a mais encantadora das vozes, a dos elogios. Nunca viste uma cena agradável, porque nunca praticaste uma boa ação. Quem acreditará nas tuas palavras? Quem te socorrerá nas tuas necessidades? Qual o homem sensato que se incorporará ao teu cortejo? Os que te seguem são jovens débeis e velhos insanos; os velhos, vivendo na ociosidade quando jovens, sofrem agora laboriosa e triste velhice; acabrunhados pelo que fizeram na madureza, desgastaram a mocidade, reservando penas para os últimos dias de sua vida. Eu, ao contrário, estou com os deuses, com os homens virtuosos. Sem mim, nem os deuses e nem os homens fazem nada de belo; ninguém, mais do que eu, recebe suas homenagens. Sou guardiã fiel da casa do chefe, companheira querida do trabalho do artista, protetora benigna do servidor, associada útil nos trabalhos da paz, aliada constante nas fadigas da guerra, intermediária devotada da amizade. Meus amigos, quando lhes vem apetite, comem e bebem com prazer; seu sono é mais agradável que o dos homens ociosos; despertam sem ressentimentos e não sacrificam os negócios ao repouso. Os jovens se consideram felizes com os elogios dos mais velhos. Os velhos, satisfeitos com o respeito dos moços, gostam de se lembrar o que foram outrora, sentindo prazer no que fizeram; por mim são amados dos deuses, queridos dos amigos, honrados pela pátria. Na hora marcada pelo destino, a lembrança dos que ficaram fará florir sua memória pela eternidade. Hércules, filho de pais virtuosos, só pelo trabalho podes adquirir a suprema felicidade. – Pródico contou mais ou menos assim a lição dada pela Virtude a Hércules, mas usou palavras de mais nobre expressão que as minhas.'.". (N.T.)

extraordinária felicidade, quer pela vantagem de dons naturais e excelente educação, penetram no bom caminho.

XXXIII

Vê-se — casos mais raros — os que, tendo suficientes luzes naturais ou adquiridas, ou providos de umas e outras, formaram o plano de sua vida depois de muito pensar. Todas essas deliberações devem derivar principalmente do natural e do caráter de cada um. Porque, para se ter êxito em cada ação particular e para executá-la com decência é preciso que cada um consulte seu caráter, tanto mais quando se pretende formar plano para toda a vida, se se quer estar de acordo sempre consigo mesmo e não faltar a nenhum dos seus deveres. Isso depende tanto da sorte como da natureza, mas muito menos de uma que de outra; é preciso ter em conta as duas, sobretudo a natureza, pois ela é mais firme e constante, como se percebe algumas vezes quando a fortuna, sendo falha, por ser mortal, parece que luta com a natureza, que é imortal.

Quando se escolheu, de acordo com o seu temperamento, um gênero de vida, desde que não seja vicioso, nada melhor que mantê-lo. Quando, ao contrário, se percebe que se fez má escolha, como pode acontecer, é preciso logo mudar sem hesitação. Se as conjunturas favorecem essa mudança, custa menos e o fazemos com maior vantagem. Senão, deve-se fazê-lo aos poucos e de maneira insensível. É assim que, quando não se quer manter certas amizades, quando há motivos legítimos para delas se afastar, os sábios aconselham que nos afastemos pouco a pouco em lugar de fazê-lo bruscamente. Mas quando se muda de gênero de vida, é preciso fazê-lo bruscamente de maneira que se mostre havê-lo decidido por boas razões.

Dissemos antes que é bom imitar os antigos: mas é preciso prevenir-se para não imitar seus vícios, nem também imitá-los naquilo que excede nossas forças. Assim, o filho do primeiro Africano, que adotou o filho de Paulo Emílio, não pôde, por causa de sua precária saúde, parecer-se com o pai, como o filho adotivo se parecia com o seu. Se for incapaz de requerer perante tribunais, ou de discursar em público, ou de terçar armas, ao menos procure ser exato naquilo que de si depende, quer dizer, nos deveres de justiça, probidade, generosidade, modéstia e temperança, a fim de não dar a perceber aquilo que lhe faz falta. Ora, a herança mais preciosa, a mais magnífica coisa que os pais podem transmitir aos filhos é a glória que adquiriram em virtude de suas grandes ações; e é um crime, uma impiedade, deslustrá-la por qualquer coisa vergonhosa.

XXXIV

Como os deveres mudam com a idade, digamos alguma coisa sobre essa diferença. É dever dos moços respeitar os de idade avançada, e entre estes escolher os que têm boa reputação, e prender-se a eles para conduzir-se por seus exemplos, pois a inexperiência dos jovens precisa ser conduzida pela sabedoria dos velhos. Sobretudo os jovens devem prevenir-se contra as paixões, acostumando-se ao trabalho do corpo e do espírito, a fim de se tornarem capazes de manter funções de guerra e de vida civil. Mesmo quando queiram dar qualquer descanso ao espírito e se entregar a divertimentos, que evitem a intemperança e nunca percam de vista a modéstia; isso será mais fácil se nesses prazeres tiverem por expectadores pessoas de idade madura.

Para os velhos, menos capazes de exercícios corporais, convém que se apliquem aos do espírito. Sua principal preocupação deve ser a de assistir os jovens, os seus amigos e, sobretudo, a república, oferecendo os conselhos de sua sabedoria e experiência. Devem evitar deixar-se tomar de leviandade e preguiça. Quanto à volúpia, nada de mais vergonhoso em qualquer idade e, sobretudo, na velhice; quanto à licenciosidade de costumes, o velho é duplamente culpado pela infâmia com que se cobre e pelo mau exemplo que dá aos jovens, cuja insolência torna-se mais grave.

Não está fora de meus objetivos falar dos deveres dos magistrados, dos particulares, dos cidadãos e dos estrangeiros. Os magistrados devem compenetrar-se da ideia de que representam a república e de que lhes cabe sustentar a dignidade, manter as leis, distribuir justiça e ter presente tudo o mais do que são depositários. O dever dos simples particulares é respeitar, com os seus concidadãos, as leis da justiça e da igualdade, evitar a altivez e a baixeza, gostar de ver reinar no Estado a honestidade e a tranquilidade.

Para estrangeiros e peregrinos, seu dever é tratarem seus negócios sem se imiscuírem nos dos outros, muito menos num país que não é o seu.

E assim se determinarão todos os deveres, procurando o que convém e o que é próprio das pessoas, segundo a oportunidade e as idades. Em suma, nada mais conveniente que a uniformidade nas ações e a constância nas resoluções.

XXXV

O decoro deve se fazer sentir não só nas palavras e nas ações, mas ainda nos movimentos do corpo e no exterior, consistindo em três coisas: na graça, na compostura e no vestir. Há ainda certas coisas que se sentem mais do que se explicam; encerram o desejo de agradar àqueles com os quais vivemos. Convém, aqui, dizer algo sobre o assunto.

Lembremo-nos que a natureza trouxe muita arte na construção de nosso corpo, pondo em evidência não apenas o rosto, mas ainda outras partes de formas agradáveis, encobrindo aos olhos aquilo que serve para certas necessidades, cuja vista seria chocante e desagradável. O pudor do homem atendeu a essa admirável disposição da natureza: todo aquele que não perdeu o senso traz coberto o que a própria natureza encobriu, e não é senão com recato que satisfaz suas necessidades. Não chama nunca pelos seus nomes nem as partes cujos usos são indispensáveis nem o uso que delas se faz. Porque nada mais vergonhoso nessas ações que se fazem em segredo; dela não se fala a não ser envergonhado, e haveria impudência se não se fizesse em reclusão, de maneira que não se fale abertamente sobre o assunto.

É preciso deixar de escutar os cínicos, bem como os estoicos quase cínicos, que mofam dessa inibição e acham maledicência considerar uma espécie de crime nomear coisas que não são vergonhosas, ao passo que nomeamos coisas que só se cometem com infâmia. Há coisa mais vergonhosa que o roubo, a fraude, o adultério? — perguntam eles. Contudo, não nos envergonhamos de os nomear. Nada mais honesto que tratar de ter filhos, no entanto, é obsceno falar disso. Por essas atitudes se ofendem as regras do pudor. Quanto a nós, seguimos a natureza e nos resguardamos de tudo o que ofende a vista e os ouvidos. Que nossos modos, nosso andar, nossa maneira de estar na mesa, nosso olhar, nossos gestos, sejam sempre conforme o decoro. Em tudo isso, evitemos igualmente as atitudes lassas e efeminadas e aparência grosseira e selvagem. Não diremos que os oradores e comediantes devam observar essas espécies de decência, embora sejam para nós indiferentes. Os comediantes têm levado tão longe as regras do decoro que, por lei estabelecida entre eles, nunca vêm a cena sem estar vestido de maneira que; se suas vestimentas viessem a se entreabrir, aparecesse um calção, evitando que, por qualquer acidente, certas partes de seu corpo ficassem descobertas. Entre nós, estabeleceu-se que as crianças, atingindo certa idade, não se banhem nunca com seus pais, nem os genros com seus sogros. Devemos, assim, observar essas regras de pudor, sobretudo quando temos por guia a própria natureza.

XXXVI

Há duas espécies de beleza: uma é a graça, a outra, a dignidade; uma é propriamente apanágio das mulheres, a outra, dos homens. Evitemos, assim, tudo o que poderia desmentir essa dignidade, seja no adorno, seja na postura e no gesto; porque há qualquer coisa de ridículo e chocante em certos movimentos sustentados pelos mestres de armas e em certos gestos estudados como os dos comediantes; assim, só se deve gostar do que é simples e natural.

A dignidade do semblante deve se manter com boa coloração, devendo ser fruto do exercício. O homem deve ter um asseio nem rebuscado nem chocante e isento de tudo que traga a marca da grosseria e da negligência. É preciso seguir a mesma regra na maneira de se vestir; e sobre isso, como em uma infinidade de outras coisas, a modéstia é o que melhor convém.

Andando, é preciso evitar certa lassidão ordenada, como a das pessoas que, nas festas públicas, carregam imagem de deuses ou uma precipitação turbulenta, que faz perder a respiração e muda a fisionomia, que não será maior prova de ligeireza de espírito. Mas devemos trabalhar com mais cuidado para que os movimentos da alma não se apartem da natureza: é o que alcançamos quando nos defendemos de tudo o que nos atira na turbulência e no abatimento, se não tivermos permanente atenção ao que convém ao decoro.

Há na alma duas espécies de movimento: a do pensamento e a da ambição. O pensamento principalmente nos leva à procura da verdade e a ambição nos impele à ação. Tenhamos assim maior cuidado para que nossos pensamentos se apliquem a boas coisas e que nossa ambição nos faça seguir as regras da razão.

XXXVII

A palavra tem grande influência; há duas espécies dela: o discurso propriamente dito e a conversação familiar; um se emprega no tribunal e no senado; a outra é reservada para círculos, conversas familiares e festas. Os retóricos dão os preceitos do discurso, mas a conversação não os tem, por isso convém dar alguns. Para que haja mestres são necessários discípulos: ora, ninguém estuda a arte de conversar e os retóricos abundam.

Contudo, as regras da oratória, sobre palavras e pensamentos, podem também ser aplicadas à conversação. Como é pela voz que a palavra se faz entender, é preciso que a voz seja clara e suave. Essas qualidades vêm da natureza, mas uma se aperfeiçoa pelo exercício, e a outra, imitando aqueles que têm a pronúncia firme e suave. Esse mérito deu aos dois Catulos a reputação de delicadeza e de gosto; sem dúvida eram literatos, mas superaram os que tinham tanto quanto eles, mas que não eram citados pelo dom da palavra. O som de sua voz era doce e gracioso, as articulações nem surdas nem muito acentuadas, resultando pronúncia que nada tinha de afetada nem de confusa; a voz era natural, sem ser nem fraca nem exagerada. A dicção de Lúcio Crasso era mais rica e não menos graciosa; entretanto, a reputação dos Catulos de falar bem não era menor que a sua. Mas César, irmão de Catulo pai, tinha mais sal e mais graça, e nos tribunais sua linguagem simples apagava a eloquência dos outros.

O que acabo de dizer merece estudo especial na procura de exemplos convenientes. É preciso cuidado na linguagem: nisso os discípulos de Sócrates foram excelentes — desde que haja graça, doçura e nunca estilo

74 • DOS DEVERES

rebuscado. Sobretudo quando a conversa se cinge a assunto de que não se é senhor, não se tem o direito de excluir outros; é preciso que cada um tenha por sua vez ocasião de falar. É preciso atentar no que se fala, tratando seriamente de coisas sérias, agradavelmente de coisas jocosas. O mais importante é não deixar escapar qualquer coisa que denote vício de caráter; isso se percebe principalmente quando se fala mal dos ausentes, seja para levá-los ao ridículo, seja para arruiná-los com maledicências e ultrajes.

A conversação corre de ordinário entre negócios particulares, sobre política ou sobre artes e ciências; quando ela se desvia, é preciso ter cuidado em reconduzi-la sem esquecer que nem todos têm o mesmo gosto, pois as coisas que satisfazem a todos não agradam igualmente a cada um. Lembremos também o momento em que a conversa pode cessar de ser agradável e, assim, como houve motivo para iniciá-la, haja oportunidade de concluí-la.

XXXVIII

Como a vida deve ser imune de paixões, ou seja, de movimentos violentos, que não obedecem a razão, é preciso que nossas palavras também sejam isentas daquilo que pareça cólera ou outro qualquer defeito. Especialmente deve se precaver que as palavras sejam sempre acompanhadas de traços de amizade e consideração por aqueles aos quais nos dirigimos. Algumas vezes somos obrigados a fazer reprimendas, exigindo tom de voz mais elevado e palavras mais fortes; mas devem ser isentas de tudo que pareça colérico; devemos mesmo disso tratar o menos possível, e, como os médicos, empregar ferro e fogo só quando não há outro remédio.

Sempre devemos banir a cólera, pois que nunca fazemos qualquer coisa de justo quando é feita com arrebatamento. As reprimendas devem ser com doçura, mas, algumas vezes, com ar severo e grave, abstendo-se de ultrajes. É preciso ter o cuidado de lembrar-se que, usando termos um pouco fortes, será para o bem daquele que se repreende. Nas contestações, mesmo quando tratamos com inimigos, quando nos dizem coisas acerbas, é preciso guardar moderação e sangue-frio, evitando a ira; pois o que se faz com arrebatamento não se mede nem recebe a aprovação dos que ouvem. Por fim, é vergonhoso elogiar-se, como o soldado fanfarrão que dizia mentiras e era alvo de mofa de todo mundo.

XXXIX

Estendendo-se o plano desta obra a tudo o que possa ser tratado a respeito de deveres e decoro, não esquecendo nada do que devemos observar, convém dizer uma palavra sobre a maneira de morar do homem honrado. Como sua casa é feita para seu conforto, é preciso que tudo se ajuste na construção, tendo em vista, por sua vez, a dignidade e a comodidade. Uma casa magnífica, construída sobre o Monte Palatino por Cneu Otávio, que foi primeiro cônsul de sua família, como era muito visitada, serviu, ao que se crê, para ele obter o consulado. Escauro posteriormente a demoliu para aumentar a sua. Mas, no mesmo lugar onde aquele homem conseguiu o consulado trazendo-o de sua casa, este, filho de um homem ilustre, trouxe para casa a ignomínia e a desgraça.

Sua casa deve servir como acompanhamento de sua dignidade, e não fazer consistir sua dignidade na casa: o dono honra sua casa e não a casa, seu dono.

Como nas demais coisas, é preciso saber tratar dos outros: um distinto cidadão faz para receber em sua casa grande número de hóspedes, e abrindo-a para todas as classes de pessoas, deve cuidar que seja espaçosa. Mas, quando aí ninguém aparece, e uma casa grande não é senão solidão, mais envergonha que honra, sobretudo se, com outro dono, ela estava sempre cheia. É deprimente ouvir os transeuntes dizerem "Nobre morada! Onde está seu dono de ontem?". E atualmente pode-se dizer isso de muitos.

É preciso prevenir-se quando se constrói, não levando a despesa e a magnificência muito longe; porque se expõe a fazer muito mal as coisas, quando isso não fosse um mau exemplo, pois a maior parte dos homens se aventura nesse ponto, procurando rivalizar com pessoas de maior classe. Quem se meteria a imitar as virtudes do grande Lúcio Lúculo? Quantas pessoas imitaram a magnificência de suas casas de campo! É preciso fazer nem tanto nem muito pouco, dispondo na medida de suas forças as despesas, como em tudo na vida. É o bastante sobre o assunto.

Em qualquer empreendimento há três coisas a se observar: a primeira, subordinar nossos desejos à razão, e é este o melhor meio de realizá-los; a segunda, examinar bem o objeto que se propõe, a fim de regular nossos trabalhos e nossos cuidados sobre sua importância maior ou menor; a terceira, não ultrapassar as fronteiras da moderação, mesmo nas coisas de lustro e de dignidade. Ora, a medida mais justa é procurar manter essa dignidade de que falamos e conservá-la. Das três regras, a mais importante é a que prescreve subordinar nossos desejos à razão.

XL

Resta-nos falar da ordem das coisas e de sua oportunidade. Essa espécie de ciência consiste no que os gregos chamam *eutaxia* — não a *eutaxía* que chamamos de *modestia* (moderação), e que deriva de *modus* (medida, quantidade), mas aquela outra *eutaxia* que significa conservação da ordem. Essa virtude, podemos denominá-la "moderação", porque os estoicos a definiam como a arte de nada dizer e de nada fazer que não seja no seu tempo e em seu lugar.

A ordem e a disposição são a mesma coisa. Assim, segundo os filósofos, a ordem consiste na disposição das coisas em seus lugares. Quanto à situação e ao momento de ação, eles nada dizem. A oportunidade de uma ação, que os gregos chamam de *eukairía*, é, para nós, a "ocasião" (*occasio*). A moderação, tomada no sentido do que vamos explicar, será o discernimento do tempo apropriado para fazer qualquer coisa. Essa definição poderia ser aplicada à prudência de que falamos no começo; mas, é na moderação, na temperança e em outras virtudes semelhantes, que está a questão.

Como, em seu lugar próprio, já falamos da prudência, mostraremos aqui no que essas virtudes de que vimos falando pertencem à moderação e aos meios de merecer a aprovação daqueles com os quais vivemos.

É preciso guardar a maior ordem em todas as ações, pois todas as coisas da vida, como num discurso bem concatenado, se engendram e se contêm. É, por exemplo, coisa vergonhosa e erro grosseiro misturar coisas sérias com assuntos de mesa e gracejos. Péricles tinha por colega, no comando do exército, Sófocles. Certo dia, quando tratavam de negócios de guerra, Sófocles, vendo passar um belo exemplar de homem forte, exclamou: — Que bonito rapaz! — "Sófocles" — disse com razão Péricles — os que se ocupam da causa pública devem guardar tanto os olhos como as mãos. — Se se tratasse de escolher atletas a palavra de Sófocles não merecia censura, e isso prova que as coisas mudam a sua natureza pelas circunstâncias de tempo e lugar.

Quando um homem tem grande causa nos tribunais ou qualquer negócio que exija meditação, ocupando-se dela andando ou passeando, nada se poderá dizer; mas se tem a mesma preocupação em uma festa, dir-se-á que ele não sabe viver, porque não sabe discernir o lugar. As coisas que ofendem grosseiramente as regras do decoro, como cantar nas ruas, e outras extravagâncias semelhantes são fáceis de evitar, e não têm necessidade de preceitos.

Mas há uma infinidade de erros a que não se dá valor, porque poucas pessoas são capazes de percebê-los: é contra esses que é preciso resguardar-se. Como os bons músicos que não podem admitir desafinação, devemos evitar qualquer dissonância no concerto de nossas ações, tanto mais quando o concerto e a harmonia das ações é bem mais belo e mais importante que os dos sons.

XLI

Se quisermos encarar todos os defeitos em que se pode cair, não os sentiremos menos agudamente que os músicos quando sentem qualquer desafinação; nas pequenas coisas se descobrirão as maiores. Veremos, pelo movimento dos olhos e dos supercílios, pelo ar alegre ou triste, pelo riso, pela liberdade ou reserva de palavras, pelo tom de voz mais ou menos elevado e por outras coisas semelhantes, se se conforma com o decoro ou se se foge do dever e da natureza.

Para melhor nos ensinar a julgar, nada como observar o que percebemos nos outros, a fim de evitar o que para nós é ilícito. Sem dúvida, vemos melhor os defeitos dos outros que os nossos, e isso é o melhor meio, segundo os mestres, de corrigir os nossos.

Antes de resolver coisas que parecem duvidosas, convém consultar os que têm estudo e experiência pedindo-lhes conselho sobre o assunto. A maior parte dos homens segue, de ordinário, para onde a natureza os conduz. Não é só prestar atenção ao que se nos diz; mas tratar de penetrar no pensamento de cada qual, e porque pensa assim.

Os pintores, os escultores, e até os poetas, ficam muito à vontade para expor suas obras em público, e quando muitos estão de acordo em achar defeitos, tratam também de descobrir, por si mesmos e pelos outros, onde está o defeito e de corrigi-lo; assim, o juízo dos outros nos deve servir de regra para fazer ou não fazer qualquer coisa, mudando ou corrigindo.

Não há preceitos para regular as leis e costumes de cada povo, pois as leis e os costumes são esses preceitos. Ora, sob pretexto de que tenha escapado a Sócrates ou a Aristipo qualquer censura às leis e aos costumes de seu país, não se tem o direito de fazer a mesma coisa. Eles tinham esse direito, porque prestaram grandes serviços a sua pátria.

Quanto às doutrinas dos cínicos, é preciso rejeitá-las, porque ofendem o pudor, sem o qual não há virtude nem honestidade. É dever de todo homem honrar e respeitar aquele que tem vida estimável e útil, e os que tiveram as melhores intenções sobre negócios da pátria; os que a serviram e a servem atualmente, e os que ocuparam cargos e comandos; testemunhar toda a deferência aos velhos, ceder aos magistrados, diferenciar o cidadão e o estrangeiro, e, do próprio estrangeiro, o que é particular do que está revestido de uma função de representação de seu país; enfim — para evitar minúcias —, observar inviolavelmente e manter a união geral e a sociedade comum e a raça humana.

XLII

Quanto às profissões e às vantagens que trazem, eis, em geral, as que passam por liberais e as que se consideram servis. A primeira questão a abordar é a das profissões que geram o ódio público; tais as dos usurários e coletores de impostos. Deve-se ter como desprezível o lucro dos mercenários e o dos que compram a inteligência, porque os que vendem a si mesmos colocam-se entre escravos. A mesma coisa se poderá dizer dos comerciantes que, para vender por preço mais alto, ganham por força da mentira, pois nada mais vergonhoso que a mentira. Todas as profissões de artífices são baixas e servis, nada há em uma oficina que seja adequado a um homem livre; piores são as profissões que servem a nossos prazeres, como as dos "peixeiros, cozinheiros, lenhadores, verdureiros, pescadores", conforme diz Terêncio; pode-se ainda acrescentar os perfumistas, os dançarinos e os batoteiros.

Quanto às profissões que exigem maior saber são de grande utilidade, como a medicina, a arquitetura e o ensino, e podem ser exercidas sem desonra. O comércio, se é feito a varejo, é desprezível, se é feito por atacado, se traz abundância, se é proveitoso a todos e isento de fraude, nada dele se pode dizer. Se o comerciante, quando enriquece, ou quando se satisfaz com o que ganha, se retira do porto para o campo, como muitas vezes se retira do mar para o porto, trazendo sua fortuna, parece-me que tem direito a elogios.

Mas, de todos os meios de se enriquecer, não há melhor, mais útil, mais agradável nem mais digno de um homem honesto que a agricultura. Disso já tratei amplamente quando escrevi sobre Catão, o Velho, e ali se encontra tudo o que se deseja saber sobre o assunto.

XLIII

Creio ter demonstrado como nossos deveres decorrem das diferentes fontes do decoro. Mas, em muitas ocasiões, as coisas decentes se encontram em concorrência, e, então, convém comparar para determinar qual a mais conveniente; disso Panécio se esqueceu de tratar.

Com efeito, desde que todo o decoro deriva de quatro fontes, sendo uma a prudência, outra, a justiça, a terceira, a magnanimidade, a quarta, a moderação, é necessário compará-las para escolhê-las entre os deveres.

Assim, admite-se que os deveres prescritos pela justiça são mais essenciais e mais conforme a natureza que os que giram em torno da prudência. Eis aí, como se poderá provar: suponhamos que um sábio se encontra em situação de abundância, gozando de repouso e ociosidade que lhe permite meditar e considerar tudo o que deseja conhecer: se está sem ver ninguém, em grande solidão, é preferível terminar sua vida. A mais nobre de todas as virtudes é essa sabedoria (*sofia* em grego) que os gregos chamam "prudência" (*frónêsin*), e nós entendemos o conhecimento do que é preciso evitar e do que é preciso procurar; ao passo que a sabedoria, para mim a primeira das virtudes, compreende o conhecimento das coisas divinas e humanas, naquilo que encerram as relações dos deuses e homens, e da sociedade dos homens entre eles.

Ora, se ela é sem dúvida a maior das virtudes, segue-se que os deveres em relação, ou que dizem respeito à sociedade, estão acima de todos os outros. A contemplação, o conhecimento das coisas da natureza, é imperfeita e defeituosa se não alcança a ação; e a ação que mais convém, seguramente, tem por finalidade o bem do homem.

A justiça pertence, ainda, mais especialmente ao gênero humano, e, por essa razão, é preferível à prudência. É assim que julgam todas as pessoas de bem e sua conduta é a prova. Mesmo entre os que mais se dedicam aos estudos das coisas naturais, contemplando, assim, as coisas mais dignas do conhecimento, quando a pátria está em perigo, tudo deixam, até mesmo de contar o número de estrelas e as dimensões do universo, correndo em socorro da pátria, isso também fariam pelos pais ou pelo amigo.

Eis aí prova de que os deveres prescritos pela justiça, sequência natural dessa afeição que os homens devem ter uns pelos outros, está sempre acima de tudo, sendo preferível até ao que tem por objeto o estudo das ciências.

XLIV

Não se creia que os que têm passado sua vida estudando e na aquisição de conhecimentos perderam de vista os benefícios do gênero humano. Não é pelas luzes das pessoas de estudo que grandes personalidades tornaram-se melhores cidadãos e mais úteis à república?

Foi assim que Epaminondas de Tebas foi formado pelo pitagórico Lisis, Dião de Siracusa, por Platão e tantos outros. Nós mesmos servimos utilmente à república, e podemos dizer isso graças aos preceitos de nossos mestres e aos conhecimentos que ordenaram nosso espírito. Não somente durante sua vida esses gênios instruem os que querem aprender; depois de sua morte, por suas obras, continuam ensinando, e não esqueceram de nada que diz respeito aos costumes, às leis e à conduta; podemos dizer que ao nosso interesse consagraram seus lazeres.

Assim, homens que se dedicam inteiramente às ciências e à sabedoria trazem para o bem da sociedade o que têm de luzes e conhecimento. De tudo o que acabamos de dizer resulta que a eloquência, quando acompanhada de prudência, é preferível às especulações mais engenhosas dos que não têm o dom da palavra; pois todas essas especulações se encerram na mente, ao passo que se comunica aquilo que se quer unido pelos laços sociais.

É precisamente para formar colmeias que as abelhas se congregam; levadas pela natureza, constroem seus favos; assim os homens, unidos com maior vantagem pela natureza, colocam em comum seus pensamentos e suas ações. Está claro que se tal virtude mantivesse a sociedade só pelo amor do saber, essa paixão não seria senão vã e útil curiosidade. O mesmo se pode dizer da força; se ela não se ajustasse ao bem da sociedade, seria ferocidade e não virtude.

Daí concluímos que o que mantém a sociedade está acima do estudo e do conhecimento. Não se deve escutar os que afirmam que a sociedade humana deve sua existência à necessidade, quer dizer, à impossibilidade em que nos encontramos de fazer e procurar, a não ser com o concurso dos outros, tudo o que exige a natureza e que, se qualquer vaso encantado nos fornecesse, apenas chamado, tudo o que é indispensável para a existência e para as comodidades da vida, então o homem de espírito, deixando de lado toda a espécie de negócios, aplicar-se-ia inteiramente no estudo das ciências. Era preciso para isso que fugisse da solidão e procurasse companheiro para seu estudo, tanto para aprender como para escutar e falar. Em verdade, os deveres que têm relações com a sociedade são preferidos aos que só têm por finalidade as ciências e os conhecimentos.

XLV

Pergunta-se se as espécies de deveres que servem para manter a sociedade, e que são tão próprios da nossa natureza, devem, ainda, ser preferidos àqueles que a modéstia e o pudor prescrevem. É com o que eu não poderia concordar. Porque há coisas tão vergonhosas, tão infames, que ninguém terá coragem de fazer mesmo para salvar a pátria. Posidônio fez grande enumeração delas; são tão vergonhosas, tão obscuras que me envergonharia repeti-las. Nunca ninguém fará tais coisas pela república; e a república não quer que sejam feitas por ela. A natureza melhor as ordena.

Quando se trata de determinar diferentes deveres, deve-se preferir os que melhor servem à sociedade. Uma ação sábia deve ser resultado de ciência e prudência, concluindo-se que será melhor fazê-la do que falar dela. Isso é o bastante sobre esse assunto.

Não será difícil, depois do que dissemos, escolher entre os diferentes deveres, distinguindo quais os preferidos. Entre a própria sociedade, há diversos graus de deveres, é evidente para todo mundo que tudo devemos aos deuses imortais; depois à pátria, em seguida aos nossos pais, e depois ao resto. O pouco que dissemos mostra claramente que somente não pode haver dúvida se uma coisa é ou não é honesta, mas, entre duas coisas honestas, qual a preferida. Panécio, como disse, esqueceu esse problema. Contudo, convém prosseguir.

LIVRO II

I

Creio, meu filho, que no livro precedente expliquei como os deveres decorrem da honestidade e de toda espécie de virtude. Resta-me falar dos deveres que têm relação com as diversas circunstâncias da vida e o que serve para sustentá-la ou dar-lhe esplendor, quero dizer, riqueza e honras. Sobre isso, como disse, pode-se considerar se cada coisa é útil ou nociva; ou, de muitas coisas úteis, qual é mais ou se uma é superior às outras. É do que vou me ocupar depois de ter dito algumas palavras sobre meu objetivo e razões que o determinaram.

Minhas obras estimularam muitos a gostar de ler ou de escrever; creio até que a palavra filosofia não era tão antipática que eu não lhe pudesse dar tanta aplicação de trabalho e de tempo. Enquanto a república foi governada pelos que ela mesma escolheu, foi a única preocupação de meus cuidados e pensamentos. Mas, quando passou a ser dirigida por uma única pessoa, quando não havia mais lugar para o conselho e para a autoridade, depois que me vi privado da companhia dos grandes homens que comigo defendiam a pátria, não quis deixar tomar-me de tristeza, que me teria consumido se não lhe tivesse resistido e procurasse ocupações em prazeres indignos de homem de algum saber.

Pediria aos deuses que mantivessem a república no seu estado anterior, isto é, que não caísse nas mãos de pessoas não tanto desejosas de mudar as coisas, mas de transtorná-las!

Com efeito, se a república estivesse em nossas mãos, nos dedicaríamos trabalhando por seu bem e não escrevendo, como fazíamos antigamente. Mas não mais subsiste essa república à qual eu dava com tanto prazer os meus cuidados e pensamentos; no senado e no tribunal cessou todo o trabalho.

Como não podia ficar na inação, retomei os estudos aos quais me dediquei desde os primeiros anos. Acreditei mesmo que só podia me consolar de uma maneira digna de um homem honrado voltando a essa filosofia à qual consagrei o melhor tempo da minha juventude para formar meu espírito, e que só abandonei quando me dediquei aos serviços da república; pois não lhe pude dar, durante aquele tempo, senão o pouco de ócio que os negócios públicos e de meus amigos me propiciavam; embora me contentasse com a leitura, não havia tempo para escrever.

II

Ao menos essa vantagem tirei dos extremos males que nos acabrunham, pois me encontro escrevendo coisas que não são bastante conhecidas entre nós, mas que merecem ser.

Que há, com efeito, de mais excelente e mais desejável que a sabedoria? Que se pode conceber de melhor e mais digno do homem? É unicamente o que procuram aqueles a que chamam filósofos, e a palavra filosofia não significa outra coisa senão o amar a sabedoria. Que é a sabedoria? É, dizem antigos filósofos, o conhecimento das coisas divinas e humanas e das causas de que elas dependem. Se se despreza tal estudo, não sei o que será digno de louvor. Por que, quando se procura agradavelmente o espírito ou desembaraçar-se dos cuidados e agitações da vida, nenhum estudo é comparável ao da filosofia, que sempre faz, sem cessar, qualquer nova descoberta, contribuindo para tornar a vida boa e feliz?

LIVRO II • 87

Quando se procura uma virtude sólida e uma firmeza d'alma constante, a filosofia é a arte de atingir tal fim, ou essa arte não existe. Dir-se-á que não há regras que previnam coisas que acontecem, pois há homens que agem com reflexão, mas que muito se enganam. Se existem regras para adquirir virtudes, onde se encontram os que se entregam ao estudo da sabedoria? Entretanto, não será necessário insistir sobre tal assunto do qual tratei em obra feita especialmente para inspirar aos homens o gosto pela filosofia. Com isso, procurei explicar porque, depois de me afastar das funções públicas, dediquei-me a esses estudos.

Mas fizeram-me outra objeção. Homens aos quais não faltam nem estudo nem ciência perguntam: desde que não há certeza absoluta, somos bastante consequentes tratando de tantos assuntos e dando preceitos dos deveres da vida? Seria melhor que os que assim pensam fossem mais conhecedores de nossas opiniões.

Enganam-se pensando que somos dos que navegam na dúvida sem ter ideia do que isso seja. Que seria de nosso espírito, ou melhor, que seria de nossa vida, se nada houvesse para orientar nossos princípios ou nossa conduta?

A única diferença entre nós e os outros filósofos é que, quando eles dizem que há coisas certas e coisas incertas, nós dizemos que há coisas prováveis e coisas improváveis. Que me impede de seguir o que me parece provável e rejeitar o que tal não me parece, assim como de evitar o tom presunçoso e afirmativo e a temeridade, tão afastados da sabedoria? Se nossos acadêmicos punham tudo em discussão, provavelmente era porque nada se pode descobrir senão agitando os prós e os contras. É o que expliquei, com muito cuidado, nas minhas *Questões acadêmicas*. Para você, meu filho, ainda que adira a uma filosofia que não é menos ilustre que antiga, e que possa tomar lições de um mestre que se emparelha com os que dela foram fundadores, estou muito satisfeito com a minha doutrina, pouco afastada da sua, e que não lhe deve ser desconhecida. Mas voltemos ao nosso assunto.

III

Das cinco divisões estabelecidas para os deveres, as duas primeiras se referem à honestidade; as duas seguintes, às circunstâncias da vida, aos bens, às riquezas, ao crédito; a quinta, à escolha a fazer entre a honestidade e o útil quando parecem em oposição.

Já tratei da honestidade, coisa em que pretendo que você seja mais bem instruído. Vamos tratar agora do que é chamado útil. Sobre esse assunto a linguagem e o senso dos homens insensivelmente se afastaram da verdade. Costuma-se distinguir o útil do honesto, pretendendo-se acreditar que as coisas honestas não são úteis, e outras que são úteis ainda que não sejam honestas. Nada mais pernicioso e capaz de corromper os costumes.

Grandes filósofos confundem com razão o justo, o honesto e o útil, e só os distinguem na mente. Segundo eles, o que é útil é honesto, tudo que é honesto é justo. O erro dessa compreensão está em que alguns admiram a habilidade e a finura de certas pessoas que tomam por sabedoria o que é astúcia. É necessário corrigir esse erro, fazendo-as compreender que só por intenções direitas e honestas, nunca pela astúcia e pela perfídia, obtemos o que desejamos.

Entre os objetos úteis à vida humana, há inanimados como o ouro, a prata, os frutos da terra e outros do mesmo gênero, e há animados, com seus movimentos e suas ambições. Destes, uns são destituídos de razão como os cavalos, os bois e as outras espécies de quadrúpedes, as abelhas que produzem coisas úteis aos homens. Os outros possuem mentalidade e são os homens e os deuses. Quanto aos deuses, o que os torna favoráveis é a devoção e a pureza da vida, vindo depois os homens como os mais úteis aos próprios homens. Há, também, duas espécies de objetos que podem prejudicar. Quanto aos deuses, nunca fazem mal, mas entre os homens pode haver os que prejudicam e os que prestam serviços.

As próprias coisas inanimadas que nos são de alguma utilidade não são devidas, na maioria, aos cuidados e trabalhos dos homens? Não é pela sua mão e sua indústria que se fazem coisas próprias ao nosso uso? Sem elas teríamos medicina, navegação ou agricultura? Poderíamos colher o trigo e outros frutos da terra? Não é à indústria que devemos esse comércio tão útil à sociedade, trazendo do estrangeiro coisas em abundância, vindo até nós o que nos falta? Enfim, não é pela mão dos homens que se procura, no seio da terra, o ouro e a prata, o ferro, o cobre e até as pedras com as quais construímos nossas casas?

IV

Como, na origem da sociedade, ter-se-ia casas para se defender dos rigores do frio e da violência do calor e como poder-se-ia reconstruí-las à medida que eram destruídas por uma tempestade, por tremor de terra, ou por serem vetustas, se a vida em comum não tivesse inspirado aos homens o mútuo socorro?

O curso e a derivação das águas, a irrigação das terras, os diques opostos às marés, os portos escavados pela arte seriam usados sem o trabalho dos homens? Por esses exemplos e por muitos outros não teríamos a utilidade que tiramos das coisas inanimadas se não fosse fruto do engenho humano.

Que comodidade ou que utilidade teriam os animais sem a ajuda dos homens? Não foi pelo homem que se descobriu a utilidade de cada um deles? E hoje, sem o seu concurso, poderíamos domá-los, nutri-los, conservar e recolher o proveito que deles esperamos? Não é por eles que destruímos os animais nocivos e tomamos os que nos podem ser úteis?

Que dizer dessa quantidade de ofícios sem os quais seria impossível viver? Sem as artes, que alívio encontramos nas nossas doenças? Que prazeres na saúde? Como poderíamos comer e vestir? Foram as artes que embelezaram a vida do homem, colocando-a muito acima da dos animais. As cidades seriam construídas e habitadas e os homens teriam se reunido em sociedade? Dessa união nasceram as leis e os costumes; estabeleceram-se normas de direito e uma forma de vida certa e regulada. Foi daí que os espíritos se coordenaram, que os homens aprenderam a respeitar-se mutuamente, que suas vidas se tornaram mais seguras e que puderam — dando e recebendo, por uma troca de serviços e socorros — satisfazer a todas as necessidades.

V

Não me alongo sobre essas coisas porque são conhecidas de toda a gente. Panécio se propôs à tarefa de expô-las longamente, dizendo que nem os generais e os estadistas puderam fazer algo de grande e de útil sem o concurso de outros homens. A esse respeito, ele relembra Temístocles,

Péricles, Ciro, Agesilau e Alexandre, dizendo que, sem a ajuda de seus semelhantes, jamais teriam realizado seus grandes feitos. Ele utiliza testemunhas que seriam necessárias em fatos indubitáveis.

Se nada há comparável àquilo que os homens podem retirar da mútua colaboração, nada também comparável às calamidades que eles mesmos provocam.

Dicearco, hábil e eloquente peripatético, fez um livro sobre a destruição da espécie humana; enumerou as inundações, as pestes, as invasões de animais ferozes que destruíram povos inteiros. Comparando, mostrou, em seguida, como morreram homens pelo furor dos próprios homens, quer dizer, pelas guerras e sedições mais do que por todas as outras calamidades.

Assim, pois, é fora de dúvida que nada faz tanto bem nem tanto mal aos homens como os próprios homens; creio, por isso, que a principal finalidade da virtude é conciliar espíritos e submetê-los à sua vontade. Deixemos às profissões a utilidade que possam tirar das coisas inanimadas e dos animais; o papel dos grandes homens é o verdadeiro emprego da virtude, ganhando a benemerência, excitando as indústrias alheias, fazendo de maneira que elas aumentem a soma dos nossos bens.

O exercício de tudo o que se chama virtude consiste em um desses três pontos: penetrar na verdadeira natureza de cada coisa, suas propriedades, sua origem, suas causas, seus efeitos; ou reprimir os movimentos turbulentos do espírito (que os gregos chamam de *páthê*) e submeter à razão as ambições (*hormaí* em grego); também aproveitar com muita sabedoria e discrição aqueles com os quais vivemos, para que possamos ter seus cuidados e com a ajuda deles nos defender dos que querem nos fazer mal, punindo-os com equanimidade.

VI

Tratemos dos meios de ganhar e conservar o conhecimento dos homens, mas, antes, não é inútil uma reflexão. Ninguém ignora que a fortuna pode o bem e o mal. Quando nos é favorável, tudo é de acordo com nossos desejos; quando nos é adversa, nos esmaga. Entre os acidentes da fortuna, aqueles provenientes das coisas inanimadas, como os furacões, as tempestades, os naufrágios, as quedas de edifícios, os incêndios, são os mais raros, também aqueles causados pelos animais que ferem, que mordem ou que roem.

Mas a destruição dos exércitos, como os três que perdemos ultimamente[38] e muitos outros em outros tempos; a perda de generais, como esse Pompeu, personagem ilustre que acaba de nos ser arrebatado; os ódios populares que fazem muitas vezes expulsar aqueles que melhor serviram à república, atirando-os ao exílio e à desgraça; de outro lado, as prosperidades, as honras, os comandos, as vitórias: todas essas coisas, ainda que fortuitas, são ao mesmo tempo efeitos das diversas paixões dos homens.

Isso admitido, vejamos de que maneira podemos conciliar o reconhecimento de nossos semelhantes, fazendo-o dirigir-se a nosso favor. Se o que eu disser sobre tal assunto parecer um pouco longo, refletindo sua importância, poder-se-á até, depois de lido, achar que eu disse pouco.

Tudo o que se faz por alguém, tendente a honrar e elevar em dignidade, é feito, de ordinário, ou por pura afeição, quando se tem qualquer razão particular para se amar: ou pelo respeito, ou pelo seu mérito, ou por sua virtude, ou pela confiança que se tem nele, ou pelas grandes coisas que fez pela república, ou pelo temor de seu crédito e de seu poder, ou porque se espera alguma coisa, como quando os reis e os homens eleitos prometem larguezas. Enfim, para os que são pagos para isso, que é o mais baixo e sórdido motivo para dar prazer a alguém. Se é vergonha para os que ganham por tal meio, não é menor para os que o empregam.

Com efeito, as coisas vão mal quando se procura obtê-las a peso de ouro, pois devem ser recompensa da virtude. Mas, como há ocasião em que esse meio se torna necessário, diremos de que maneira se pode dele servir, depois de termos falado daquele que está mais conforme a virtude.

Os homens se submetem ao mando de outro homem por muitas causas: ou por amizade, ou pelo reconhecimento dos benefícios recebidos, ou por consideração ao seu mérito, ou pela esperança de se achar

---

38. Pompeu, o Grande, rei da Mauritânia, em Tessália, Cipião e Juba.

bem, ou por temor de ser forçado a isso, ou pela atração de generosidades e promessas, ou, como vimos muitas vezes nesta república, porque se ganha a peso do dinheiro.

VII

O melhor meio de conservar nosso poder é nos fazer amados, e o pior, é nos fazer temidos. Porque, como muito bem disse Ênio: "Odeia-se aquele que se teme, e se deseja ver perecer quem é odiado".

Quando soubermos que não há poder que possa coibir o ódio público, o que vimos, não há muito, nos ajudou a aprender.

A morte deste César que oprimiu a república pela força das armas, e que a tem ainda sob seu jugo, não será o único exemplo que fará ver quanto o ódio popular é funesto às grandes fortunas; nós o vimos ainda ter o mesmo fim dos outros tiranos; quase todos pereceram da mesma maneira.

Convenhamos que o temor é péssima garantia de longevidade; o reconhecimento, ao contrário, é a guarda mais segura e mais sólida de uma vida.

Pode ser útil usar de rigor para conter os que se submetem à força, e é o que fazem os senhores de escravos; mas comportar-se num Estado livre de forma a se fazer temer é o cúmulo da loucura. Porque quando o poder despreza as leis e intimida a liberdade, pode ser que esta se mostre algumas vezes, seja por murmúrio, seja pelo voto secreto, com reações mais profundas quanto mais reprimidas. Prendamo-nos, pois, ao que há de melhor e mais eficaz e que seja próprio não somente para estabelecer nossa segurança como para adquirir bens, crédito e consideração.

Se pretendemos ser amados, preservemo-nos de nos fazer temidos; é o meio, na vida pública como na privada, de obtermos o que desejamos; porque quem quiser fazer-se temer pelos outros começa temendo a si mesmo.

Em transes mortais devia estar dia e noite o primeiro Dionísio, tirano de Siracusa, que, temendo o seu barbeiro, se via na contingência de queimar a barba com carvão em brasa! Que vida levaria Alexandre de Feras, que, vindo a noite, ao sair da mesa, na casa de sua mulher

Teba, que ele amava apaixonadamente, fazia andar diante dele, de espada desembainhada, um mercenário da Trácia, marcado na fronte, segundo o costume desses bárbaros, e enviava antes, ao que se diz, alguns de seus guardas para procurar nos cofres de sua mulher e ver se entre suas roupas não haveria algum punhal escondido? Ó, desgraçado que acreditava que um bárbaro, com a fronte marcada dos estigmatas, lhe fosse mais fiel que sua mulher! Ele não se enganou, entretanto, porque foi ela que o matou, suspeitando de infidelidade.

Não há dominação que possa durar quando só há temor. Testemunha Falaris, ele mesmo tão célebre pela sua crueldade, entre todos os tiranos, que pereceu não por conspirações, como a de Alexandre que acabei de falar, nem pelos golpes de certo número de conjurados, como nosso César, mas por uma sublevação geral de todos os agrigentos, que deram um golpe de Estado. Os macedônios não se revoltaram contra Demétrio para se entregarem a Filipe? E os lacedemônios, cujo domínio se tornou tão injusto que se viram abandonados por todos os seus aliados, expectadores indiferentes ao desastre de Leuctra?

VIII

Sobre este assunto, prefiro os exemplos do estrangeiro aos nossos. Contudo, enquanto o domínio do povo romano se manteve mais pelos benefícios que pelas injustiças, a guerra se fazia quer para sustentar nossos aliados, quer para a glória de comandar; também terminava sempre de maneira suave para os vencidos, a menos que houvesse outra necessidade.

O senado era sempre o porto e o asilo dos reis, dos povos, das nações, e os magistrados e generais faziam consistir sua maior glória em defender as províncias e sustentar os aliados com justiça e fidelidade invioláveis; assim éramos protetores, antes de sermos senhores do mundo. Pouco a pouco se foi distanciando, com Sula, desses costumes e dessa disciplina; depois da sua vitória, tudo se perdeu. De tantas horríveis crueldades exercidas contra os nossos cidadãos, não admira as injustiças contra os aliados. Manchando a justiça de sua causa pela injustiça de sua vitória, até fazendo vender em leilão os bens de honrados e ricos cidadãos, não podendo ao menos lhes negar a cidadania, ele ousou dizer que era sua presa de guerra que vendia. Depois dele veio outro que, com uma causa ímpia e uma vitória mais abominável, não se contentou em confiscar os bens dos particulares, envolvendo na mesma calamidade províncias e nações inteiras.

Depois da ruína e desolação dos estrangeiros, vimos, como último traço da decadência da república, carregar-se em triunfo a imagem da cidade de Marselha; não tiveram vergonha de tripudiar sobre uma cidade sem a qual nossos generais nunca teriam triunfado sobre os povos além dos Alpes. Poderia ainda enumerar outras injustiças contra nossos aliados, se essa não fosse a mais odiosa de todas. Estamos pagando pelo que fizemos, e esse indivíduo que deixou tantos herdeiros de sua avidez nunca chegaria a tal excesso de insolência se os crimes de outros tivessem punição.

Jamais a semente da guerra civil será sufocada enquanto celerados esperam rever ainda discórdias sangrentas que Públio Sula fez atirar sob Roma, sob a ditadura de seu parente, e que ele reergueu, trinta anos depois, mais criminosas ainda. Outro, que sob a primeira ditadura não passava de notário, tornou-se questor urbano sob a segunda. Que fim poderíamos esperar de guerras civis quando há tais recompensas para essas ações? Não há nas cidades rumos que subsistam, pois todos os dias estão ameaçadas de novos atentados. A república está aniquilada.

E, revendo o que tratamos, calmos nesse abismo de desgraças porque preferimos nos fazer temer pelo temor do que nos fazer amar... Ora, se uma dominação injusta e violenta trouxe ao povo romano tantos males, que esperamos dos particulares?

Se há vantagem em se fazer amar e é tão perigoso se fazer temer, vejamos de que lado devemos pender para obter o amor, o respeito e a confiança dos outros. É do que todos os homens têm necessidade, decidindo se é preciso ter a afeição de muitos ou poucos amigos. Na verdade nada mais necessário que ter amigos fiéis e sinceros, felizes com a nossa felicidade. Não há diferença entre grandes e pequenos, pois todos têm igual necessidade; mas nem todos necessitam, no mesmo grau, de honras e de glória, assim como da benemerência dos cidadãos. Entretanto, quando se encontram em alguém, obtém ele grande vantagem não só para fazer amigos como para tudo mais.

IX

Falei da amizade em um livro intitulado *Lélio*. Falo agora da glória, embora sobre ela tenha escrito dois livros, mas convém dizer alguma coisa porque é um maravilhoso recurso e o assunto é empolgante.

Para chegar ao ponto mais alto da glória, temos de desejar três coisas: que o povo nos ame, que tenha confiança em nós e que nos admire e respeite. Se me pedissem como se poderia inspirar tais sentimentos no povo, eu responderia que o povo nos estima da mesma maneira que a cada um em particular; mas há ainda outro caminho a seguir para conciliar o espírito das multidões.

Vejamos primeiro, sobre esses três sentimentos de que acabei de falar, como se consegue fazer-se amar. O meio mais seguro é praticar benefícios e, depois disso, ter vontade de o fazer, mesmo quando não são alcançados. A reputação de ser generoso, benfeitor, equânime, fiel e de ter todos os encantos e a facilidade dos costumes são qualidades que promovem o amor das multidões. O que chamam de honradez e decência tem encantos que agradam naturalmente, espécies de virtudes que brilham com maior força, fazendo com que a natureza, por si mesma, nos incuta o amor pelas pessoas que os possuem. Eis os meios principais pelos quais se ganha a benemerência pública, embora haja outros menos importantes.

Quanto à confiança, é preciso, para a conquistarmos, uma grande reputação, não só de prudência como de justiça. Com efeito, temos espontânea confiança nos que acreditamos mais hábeis do que nós, parecendo-nos capazes de prever o futuro, fecundos em expedientes nas situações embaraçosas, sabendo tomar partido em qualquer circunstância, prudência essa que todos julgam útil e verdadeira. Mas, nas pessoas de bem deposita-se, por se acreditar que são capazes de praticar justiça, a maior confiança, deixando sob sua responsabilidade os seus bens, filhos e a própria vida. Da justiça e prudência, a primeira merece mais confiança, pois ela é suficiente, mesmo que não venha acompanhada da prudência, ao passo que esta, sem a justiça, não saberia conquistar os espíritos. Quanto mais habilidade se possua, mais também se é suspeito e odioso caso não seja reconhecido como homem de bem. Na justiça e na prudência se terá a confiança desejada; a justiça sem a prudência será ainda toda poderosa; mas a prudência sem a justiça nada vale.

X

Muitos se surpreenderão que, enquanto todos os filósofos concordem e eu mesmo tenha exposto em muitas ocasiões que quem possui uma virtude possui também todas as outras, eu agora as separe, como se fosse possível ser justo sem ser prudente. Mas a linguagem difere, quer se discuta, quer se trate da exatidão da verdade, ou de assuntos que exijam acomodações às opiniões comuns. Presentemente falo como fala o povo quando digo que para uns há força, para outros, probidade, para outros ainda, justiça, pois é preciso, necessariamente, servir-se da maneira popular de falar, de uso comum, quando se fala de opiniões do povo; foi assim que o próprio Panécio falou. Mas voltemos ao nosso assunto.

Dos três meios de adquirir a glória, o último é essa admiração ungida de respeito que nós inspiramos aos homens. Os homens geralmente admiram tudo o que lhes parece grande e que ultrapassa suas ideias; admiram também, em cada pessoa, as belas qualidades que esperam encontrar, como não deixam de louvar e admirar os que eles creem ter virtudes raras e extraordinárias, desprezando os em que não encontram nem virtude, nem coragem, nem vigor. Não só desprezam todos os de que formam má opinião — por exemplo, os que julgam maus, caluniadores, mentirosos, e sempre prontos a cometer injustiças —, mas formam deles mau conceito. Não só desprezam, propriamente falando, aqueles que, como se diz, não são bons nem para si nem para os outros, incapazes de qualquer tarefa, de qualquer indústria, de qualquer espécie de trabalho. Admiram, então, os que estão acima dos demais pela virtude, isentos não só de vícios vergonhosos, mas dos que o comum dos homens não será capaz de resistir. Porque a volúpia, essa lisonjeira amante, leva a melhor parte da nossa alma e a afasta da virtude. A dor, por seu lado, espanta e abate excessivamente. O amor da vida e da riqueza, o temor da pobreza e da morte comovem fortemente a maior parte dos homens. Quem pode impedir de admirar o encanto e a beleza da virtude, naqueles que, tendo a alma grande e elevada para desprezar igualmente tudo o que é agradável ou enfadonho na vida, entregam-se ao que é honesto e glorioso?

XI

Esse desprezo pela dor e pela volúpia dá aos homens admiração e respeito; mas nada impressiona mais que a justiça característica dos homens de bem. E não é sem razão, porque não pode haver justiça naquele em que o temor da morte, do exílio, da pobreza ou dos encantos da vida, do repouso e da abundância tivesse maior poder que as leis da equidade e da honestidade. Admiram-se, sobretudo, aqueles sobre os quais o dinheiro nada pode; e, quando alguém resiste a essa prova, é visto como ouro puro. Assim, só a justiça compreende as três coisas nas quais fizemos consistir a glória e a benemerência, que o homem justo quer fazer bem a todo mundo; em seguida, pela mesma razão, a confiança, e, por fim, a admiração, pelo que ele despreza, o que encanta e envolve a maior parte dos homens.

Não há nenhuma ocasião na vida na qual não se tenha necessidade do serviço dos homens, quando, principalmente, se deva ter alguém com quem se possa entreter familiarmente e em liberdade. É o que não se encontra mui facilmente, a menos que se tenha fama de homem de bem. Assim, o próprio solitário, que passa sua vida no campo, tem necessidade de ter reputação de probidade; principalmente se não tem renome de pessoa de bem, terá infalivelmente o de mau, ficando por isso desprovido de qualquer socorro, sujeito a toda sorte de contrariedades.

A probidade e a justiça são ainda muito necessárias aos mercadores e a todos os que fazem tráfico. A necessidade de justiça é tão grande e tão universal que os próprios bandidos, vivendo de crimes e rapinas, não podem subsistir entre eles sem alguma espécie dela, pois os que roubam em sociedade, se puserem à parte qualquer porção da presa ou afastarem à força os outros, não seriam mais suportados, mesmo em uma malta de bandidos; e um chefe de piratas, se não guardar a equidade na partilha, será infalivelmente assassinado ou abandonado pelos outros. Dizem que os bandidos têm entre eles certas leis que observam inviolavelmente. Foi a fidelidade na partilha dos despojos que deu tanto poder a Bardalys, esse famoso ladrão da Ilíria, de que falou Teopompo; e mais ainda em Viriato de Lusitânia, a quem nossos exércitos e nossos generais, em verdade, cederam. Mas Caio Lélio, denominado o Sábio, sendo pretor, reprimiu sua audácia e o aniquilou, tanto que deixou uma guerra fácil aos seus sucessores no poder. Se, então, o poder da justiça é tão forte, que consolida e aumenta as forças dos bandidos, qual será ele no meio das leis e da república bem ordenada?

XII

Segundo Heródoto, os medas, e, para mim, nossos ancestrais, só instituíram a realeza e colocaram sobre o trono homens de bem, para desfrutarem justiça. Nos primeiros tempos, o povo fraco e pobre, encontrando-se oprimido pelo poder dos ricos, procurava qualquer homem que se distinguisse por sua virtude, garantindo os fracos contra injustiças e violências, fazendo reinar a equidade, submetendo à igualdade grandes e pequenos. Aquilo que tinha instituído reis fez também instituir leis; porque ou haveria igual direito para todos ou não haveria direito. Enquanto esse direito se manteve pela justiça e probidade de um só homem, ele satisfez; quando cessou de se manter, estabeleceram-se leis, cujas vozes nunca mudam, que falam sempre a mesma língua a todos. Está claro que foi para manter justiça que os homens tiveram em vista ao eleger reis, e foi por isso que para tais posições escolheram homens de bem. Com isso, achando-os prudentes, encontravam vantagem em ser por eles governados. É preciso, assim, aferrar-se com todo o cuidado possível à tarefa de cultivar a justiça, aumentando suas honras e sua glória.

Assim como não é possível só saber entesourar dinheiro, mas também saber colocá-lo, para um lucro completo, que satisfaça nossas necessidades e generosidades, assim também não é possível procurar a glória sem ser bem escolhê-la. Sócrates disse admiravelmente a esse propósito que o caminho mais seguro e mais curto de chegar à glória é ser o que se quer parecer. Assim não há maior erro do que pensar que se chega a uma glória sólida e durável pela dissimulação, por vã ostentação, ou compondo seu rosto e suas palavras. A verdadeira glória espalha raízes profundas, crescendo dia a dia; tudo o que é fingimento, ao contrário, cai de um golpe, como uma flor, pois nada que é falso pode ser durável. Há mil exemplos dessa dupla verdade, mas para abrangê-la basta os de uma só família. Tibério Graco, filho de Públio, será louvado pelo mundo todo enquanto Roma viver na memória dos homens. Ao contrário, seus filhos nunca serão estimados durante suas vidas, e depois de mortos estarão entre os homens que deviam legitimamente desaparecer.

XIII

Logo, quem quiser alcançar a verdadeira glória deve cumprir os deveres da justiça que explicamos no Livro I. Ora, quem mais facilmente quiser aparentar o que é deve observar certas regras para, mais à vontade, parecer tal.

Quando um jovem aparece em sociedade com um nome célebre recebido de seu pai (e creio que nós estamos nesse caso) ou que lhe venha de qualquer circunstância particular ou da fortuna, todas as atenções são para ele; observe como se procura ver o que faz, como vive, ficando envolvido por um clarão que não permite que nenhuma de suas ações, e suas palavras, escapem do conhecimento público. Quanto aos nascidos obscuros, devem, na juventude, se dispor a tudo o que há de melhor ou maior e seguir os melhores caminhos. Devem fazer com toda a dedicação, pois nessa idade não estão expostos à inveja, sendo todo o mundo a seu favor.

A primeira coisa que, para um jovem, abre o caminho da glória é a guerra; pois foi por aí que, no tempo de nossos ancestrais, muitos começaram a se distinguir, pois sempre houve guerras. Você, meu querido filho, veio numa época em que dois partidos se digladiam, sendo que um praticou muitos crimes e outro deu muito pouca felicidade. Enquanto Pompeu deu a você o comando de um corpo de cavalaria, você soube conquistar a estima e os louvores desse grande homem e de todo o exército pelo seu desembaraço em dirigir um cavalo, lançar um dardo, suportando todas as fadigas. Esse começo de glória caiu com a república.

Este trabalho que empreendi não é só para você, mas para utilidade de todos que se interessam pelo assunto. Por isso, prossigamos.

Em regra, os trabalhos mentais são bem mais importantes que os do corpo; aquilo no qual empregamos nosso espírito é mais nobre do que o que se exige de nossas forças. Um jovem se recomenda pela sua modéstia, seu amor filial, sua afeição para com os seus; tem assim um meio fácil e seguro de sugerir boa opinião a seu respeito: é ligar-se a pessoas distintas pela sabedoria e virtudes e que servem utilmente à república. Pois, desde que se junte a eles, faz com que todos presumam que chegará algum dia ao que escolheu como modelo.

Assim foi que Públio Rutílio, por ser ligado a Públio Múcio, adquiriu, desde a juventude, grande reputação de probidade e habilidade em direito civil. Lúcio Crasso fez também bom nome desde os primeiros anos, não o deve a ninguém, mas a si mesmo e a essa gloriosa acusação que empreendeu. Na idade em que muitos jovens se esforçam para se tornarem hábeis, Crasso, como outro Demóstenes, mostrou em pleno tribunal, que já era mestre na arte na qual ele se preparou com tanta glória no seu gabinete de trabalho.

XIV

Há dois sistemas de discursar, o familiar e o oratório. É duvidoso que este último não seja capaz de dar a glória. É com efeito o que se chama de eloquência; mas é indubitável que o outro conquista o coração humano quando acompanhado de afabilidade e doçura. Ainda possuímos as cartas de Filipe a Alexandre, de Antípatro a Cassandra e de Antígono a Felipe, seu filho (todos de grande sabedoria, segundo o retrato que nos fizeram), nas quais recomendavam falar sempre com doçura para ganhar o coração das multidões, e endereçar aos soldados palavras que os lisonjeassem. Quanto a esta última maneira de falar de que se servem nos discursos ao povo, vê-se que ela o enleva e o excita. Porque um homem que se expressa com facilidade, e ao mesmo tempo com sabedoria, infalivelmente se faz admirar e os que o escutam não podem deixar de reconhecer que ele tem mais espírito e habilidade que os outros.

Quando se percebe em um discurso certa modéstia acompanhada de gravidade, nada mais admirável, sobretudo quando tais qualidades se encontram num jovem. Muitas carreiras estão abertas à eloquência, e na república muitos jovens fizeram reputação falando nos tribunais ou no senado; mas, sobretudo, nos tribunais se pode excitar a admiração, quer na acusação, quer na defesa, porém, a defesa oferece mais honrarias.

Muitos adquiriram nome acusando. Tenho falado da ocasião que deu celebridade a Crasso. Marco Antônio empreendeu acusação na sua juventude e Públio Sulpício assinalou sua eloquência acusando Caio Norbano, um dos piores cidadãos da república. Mas raramente se deve acusar, e ainda assim no interesse da república, como os que acabei de falar, ou então por justo ressentimento, como os dois Lúculos, ou para defender oprimidos, como fiz para os sicilianos, e Júlio César para os sardos contra Albúcio. Lúcio Fúfio fez ver seu grande mérito acusando Mânio Aquílio. Não convém acusar mais de uma vez, ou, se se está obrigado a isso, só por premente necessidade da causa pública, em que é sempre honroso perseguir os faltosos.

Na acusação é preciso guardar certo comedimento, pois não é só com dureza, mais ainda com desumanidade, que se põe muitas vezes a vida dos homens em perigo, sem pensar que isso compromete, por sua vez, sua pessoa e sua reputação, expondo-o à fama de acusador, como aconteceu a Marco Bruto, homem bem-nascido cujo pai se distinguia pelo grande conhecimento do direito civil.

Sobretudo é dever indeclinável não colocar em perigo a vida de uma pessoa inocente por delito que mereça a pena capital. Que há de mais contrário aos deveres da humanidade que empregar essa eloquência para fazer matar inocentes quando a eloquência nos foi dada para fazer bem aos homens? Ainda que nunca se deva acusar um inocente, não se deve ter escrúpulos em defender, algumas vezes, os culpados, não sendo celerados ou ímpios: o povo assim quer, o costume tolera e a própria humanidade o admite.

O juiz deve se ater à verdade; o advogado deve defender o verossímil, ainda que de todo não seja verdadeiro. Eu não teria coragem de afirmar tal coisa se Panécio, o mais severo dos estoicos, não o tivesse feito antes de mim. Na defesa dos acusados é que se encontra a maior glória e o crédito, sobretudo quando se ajuda o fraco que o poderoso quer deprimir. Foi o que fiz algumas vezes; jovem ainda, defendi Sexto Rócio Amerino contra Lúcio Sula, então dominador de Roma, e publiquei esse discurso.

XV

Depois de ter dito o que os jovens têm a fazer para adquirir glória, vamos à benemerência e à generosidade. Ocorrem de duas maneiras; uma consiste em oferecer o seu trabalho, outra, o seu dinheiro. Dar dinheiro é mais fácil, sobretudo para os ricos, mas o outro gênero de benemerência é maior e mais nobre, digno de uma pessoa de coração e de mérito. Ainda que as duas maneiras se destinem ao bem, a bolsa fornece uma, ao passo que a virtude é a bagagem da outra. Quando vem de patrimônio familiar, a generosidade está nela mesma, e quanto mais se faça o bem, menos se está em estado de o fazer. Mas, ao contrário, aqueles que prestam serviços, por sua vontade e sua virtude, são mais úteis, obrigando mais ainda o reconhecimento pelo bem que fazem ajudando pessoalmente os outros, criando uma espécie de hábito.

Filipe, numa de suas cartas a seu filho Alexandre, reprovava sua nobre maneira de procurar ganhar os macedônios por prodigalidades. "Quem pode vos fazer crer, lhe disse, que encontrareis fidelidade naqueles que corrompeis pelo dinheiro? Quereis que os macedônios vos olhem como seu ministro e seu tesoureiro antes de ver seu rei?". Ele dizia a verdade; o ofício de ministro ou tesoureiro seria vergonhoso para um rei; e tinha maior razão dizendo que tais larguezas corrompem os homens. Aqueles que o fazem tornam-se piores e se acostumam a esperar sempre mais. Filipe pretendeu transmitir essa lição ao filho, mas ninguém deve deixar de tomá-la para si.

Não há dúvida de que a liberalidade — consiste em fazer o bem pelo talento e bons ofícios — é o mais honesto e o mais seguro dos meios, aquele que obriga melhor. Não é preciso rejeitar o outro, mas algumas vezes é preciso dar de si, e em certas ocasiões dar parte do seu em função das pessoas honestas, mas tudo isso com escolha e medida. Quantos dissiparam sua fortuna por incontroláveis gastos! Ora, há algo mais insensato do que se colocar em estado de não poder continuar a fazer o que se gosta?

As prodigalidades arrastam muitas vezes as rapinagens: porque quem se encontra atormentado por ter dado se reduz a levar a mão sobre o que é de outrem. Assim, essas liberalidades exageradas, que parecem tão próprias para ganhar a boa vontade dos outros, são feitas para guardar o ódio a quem os toma, como não se faz amar quem as dá.

Não se deve ter seu cofre tão fechado que a generosidade não o possa abrir, nem tão aberto que todo mundo o aproveite. É preciso ter cuidado e cada um regular suas possibilidades. Deve-se lembrar das palavras dos nossos maiores, que foram erigidas em provérbio: "a prodigalidade não tem fundo". Que moderação podemos ter quando os que se acostumaram a receber pedem sempre mais, sempre sem cessar, e outros também vêm a pedir?

XVI

Há duas formas de liberalidade: a do pródigo e a do homem verdadeiramente liberal. O pródigo consome seus bens em festividades, em distribuições públicas, em espetáculos, em combates de gladiadores ou de animais, e outras coisas parecidas, cuja memória é de pouca duração e se perde no tempo; o homem generoso emprega o que é seu no resgate de escravos, em pagar as dívidas dos amigos, ajudando o casamento das filhas, pondo-as em situação de adquirir riquezas e aumentar as que têm.

Por isso estranho que Teofrasto, em um livro sobre riquezas, onde diz tão boas coisas, tenha podido afirmar o absurdo de louvar o aparato e a magnificência dos espetáculos dados ao povo, fundando esse conceito na vantagem da opulência em poder se permitir tais prodigalidades. Para mim, o fruto da generosidade, do qual dei alguns exemplos, parece-me mais nobre e mais seguro. Quanta sabedoria e verdade há em Aristóteles quando nos recrimina por fazermos derrames de dinheiro para divertimentos do povo! Quando se sabe, diz ele, que, numa cidade sitiada, um copo de água foi pago a troco de uma mina, não há ninguém que não seja castigado; perdoa-se isso pela necessidade. Quem haverá que não ache estranho as extravagantes despesas feitas para conforto sem qualquer necessidade e que não fazem a dignidade de ninguém? O prazer que elas causam ao povo é somente momentâneo, admirados apenas por espíritos fúteis, e que a saciedade faz perder a lembrança.

Recorda ele, ainda e com razão, que as pompas só agradam às crianças, às mulheres, aos escravos e aos homens livres que a eles se equiparam, mas que as pessoas de alguma ponderação, que julgam de maneira sã, não as aprovam absolutamente.

Sei, contudo, que, desde os melhores tempos da república, sempre se exigiu a magnificência nas construções, e os melhores cidadãos com isso se conformaram. É assim que Públio Crasso, cognominado o rico, e que o era realmente, foi assinalado por grandes magnificências. Pouco tempo depois de Crasso, seu colega Quinto Múcio, o mais moderado dos homens, fez o mesmo de seu lado; depois, Caio Cláudio, filho de Ápio, e muitos outros depois dele, os dois Lúculos, Hortênsio, Silano. Mas Públio Lêntulo, quando eu era cônsul, suplantou a todos e Escauro o imitou. Os jogos do nosso Pompeu, durante seu segundo consulado, foram magníficos. Sobre isso você, meu filho, sabe qual o meu conselho.

XVII

Entretanto, a suspeita de avareza deve ser evitada. O rico Mamerco recusou a edilidade, por isso deixou de ser cônsul.[39] Quando o povo pede uma coisa, se as pessoas honestas, sem o desejar, a aprovam, é necessário o fazer, mas segundo suas possibilidades, como eu mesmo fiz, sobretudo quando essas coisas trazem vantagem para o povo; assim, esses festins oferecidos ao povo nas ruas por Orestes sob o nome de dízimo lhe fizeram grande honra.

Não se repreende Marco Seio por ter, em uma grande carestia, vendido trigo ao povo por um as[40] o alqueire; por isso ele se livrou do ódio popular inveterado que existia contra ele, e não foi uma despesa

---

39. A edilidade era um *munus* público e, por isso, exercida gratuitamente pelos homens dignos da cidade. (N.T.)

40. Asse ou as é a moeda circulante da república e do império romano. É também chamada de libra romana e divide-se em 12 *unciae* (onças). (N.R.T.)

vergonhosa nem excessiva, pois era para o bem geral. Quanta honra mereceu o meu amigo Milo quando, com gladiadores comprados para o serviço da república, reprimiu o furor e rompeu todas as pretensões de Públio Clódio? Tais despesas são necessárias e úteis.

Sempre é preciso guardar a moderação. Lúcio Felipe, filho de Quinto, homem de grande gênio e de alta consideração, se vangloriava de ter chegado aos mais altos cargos sem ter nunca feito qualquer espécie de gastos. Cota dizia ter feito o mesmo, também Curio dizia a mesma coisa; e eu também posso disso me orgulhar, pois, por todas as grandes honrarias que recebi, obtendo a unanimidade dos sufrágios, até atingir a idade legal (o que não aconteceu a nenhum dos que nomeei) não fiz senão despesas muito moderadas.

As despesas melhores são as que se aplicam na construção dos muros da cidade, dos portos, dos abrigos, dos aquedutos e tudo o que é útil à república. Aquelas que são como presentes pessoais dão vivo prazer, mas o prazer que geram essas outras larguezas é bem mais duradouro. Quanto às despesas feitas com teatros, pórticos, novos templos, considerando o fim de Pompeia, nos tornam menos reservados; contudo, homens mais esclarecidos não as aprovam, entre eles Panécio (que tenho seguido muito nesta obra), assim como Demétrio de Faleros, que desaprovam abertamente Péricles, o primeiro cidadão grego, por ter empregado tanto dinheiro nos seus magníficos "pórticos". Tratei desse assunto a fundo no meu livro *Da república*. Concluí ali que todas essas profusões são viciosas, embora necessárias em algumas ocasiões, nunca devem ser efusivas, mas conforme as nossas disponibilidades.

XVIII

Essas outras espécies de generosidade com fundamento na verdadeira generosidade devem ser feitas com precauções e exigem oportunidade para serem exercidas. Uma é a condição de um homem abatido pela miséria, e outra, a de um homem próspero em negócios e que procura melhorá-los.

Deve-se sempre tender-se a aliviar os desgraçados, a menos que essa desgraça seja merecida. Entretanto não se deve recusar apoio aos que o pedem, não para salvá-los da miséria, mas para abrandar sua sorte, embora entre eles se procure ajudar os que mais merecem. Pois, como disse Ênio: "um benefício malfeito merece chamar-se malefício".

Mas quando se assiste a um homem justo e reconhecido, se recolhe melhor fruto no seu reconhecimento que no dos outros. A generosidade justa agrada toda gente e cada um a louva com melhor boa vontade, pois tal virtude, nas pessoas bem colocadas, é vista como recurso seguro para todos os que delas têm necessidade.

É preciso repetir a muitas pessoas sobre essas espécies de generosidade, cuja lembrança se transmite de pais para filhos, a fim de que não sejam ingratos. A ingratidão gera o ódio de todos e, como se acredita que ela esgota a fonte de generosidades, é uma espécie de injúria na qual todos tomam parte; assim, o ingrato é visto como o inimigo de todos os desgraçados.

Outra espécie de generosidade útil à própria república é resgatar os cativos e melhorar a situação dos pobres; isso foi sempre familiar aos nossos senadores, como Crasso demonstrou em uma de suas arengas. Quanto semelhante benemerência está acima de generosidades! Ela é digna dos grandes homens, de cidadãos sérios; a outra é própria dos aduladores ocupados unicamente em iludir o povo.

Se a honestidade exige que sejamos desvelados em dar, exige ainda que sejamos menos exigentes quando reclamamos o que nos é devido. Em toda a espécie de transação, seja para vender, comprar, dar ou tomar em locação, em todas as nossas relações com a vizinhança da cidade ou do campo, é preciso ser equânime, desprezando mesmo o seu direito, com certa indiferença, pois muitas vezes não é só generoso, mas até vantajoso, transigir. Não que não se deva cuidar de seus negócios, pois é quase um crime negligenciá-los, deixá-los perecer. Portanto, é preciso conduzi-los de tal maneira para que nada se faça com sordidez nem com aspecto de avareza, lembrando-se sempre que uma das grandes vantagens da opulência é poder fazer liberalidades sem se arruinar.

A hospitalidade é também virtude que Teofrasto tinha razão de louvar. Nada é mais bonito, para mim, que ver casas de personagens distintas, cheias de hóspedes ilustres, e é uma honra para a república que estrangeiros encontrem entre nós essa espécie de generosidade. Nada mais útil para os que pretendem assegurar grande crédito na república, pois nada melhor para isso do que adquirir, entre estrangeiros, a fama de usar processos generosos quando hospedam. Sobre isso, Teofrasto recorda que Cimon, na própria Atenas, exercia a hospitalidade entre seus compatriotas do Lácio; seus intendentes tinham ordens para fornecer, sempre, tudo que fosse necessário aos habitantes do Lácio quando estivessem em sua casa de campo.

XIX

Os benefícios que consistem não em dar dinheiro, mas em empregá-lo na sua indústria, se expandem sobre toda a república assim como sobre os particulares.

A ciência do direito é uma das coisas pelas quais se adquire maior consideração e agrada a maior número de cidadãos, dando-lhes conselhos e os dirigindo em seus negócios. Assim, entre muitos outros costumes sabiamente estabelecidos por nossos antepassados, a ciência e a interpretação do direito foram sempre honrosos, e, mesmo antes da confusão destes últimos tempos, essa ciência foi privilégio dos homens de Estado. Todo o seu brilho está ofuscado, assim como a das grandes magistraturas; e isso é tanto mais indigno quando é certo que existe em nossos dias um homem que, igual em todo o resto aos antigos jurisconsultos, está acima deles todos pela ciência do direito.[41] Assim tal ciência permite agradar a grande número de homens e os ligar pelos benefícios.

Outra arte vizinha dessa, mais útil e mais brilhante ainda, é a eloquência. Com efeito, nada supera a eloquência, seja pela admiração que provoca, seja pela confiança que dá aos que dela necessitam, seja pelo reconhecimento que inspira aos que foram por ela socorridos. Entre as artes da paz, nossos pais a colocavam em primeiro plano. Que socorro ela presta ao homem eloquente, que não teme o trabalho e que se encarrega gratuitamente, como faziam nossos antepassados, de grande número de causas? Até onde atinge sua tutelar influência? Esse discurso certamente me levaria a deplorar a decadência, para não dizer a inteira extinção

---

41. Sérvio Sulpício. (N.T.)

da eloquência, se não temesse que fosse eu mesmo que me pranteasse. Vemos, entretanto, os grandes oradores que perdemos, quando poucos nos dão esperanças e muitos existem pretensiosos.

Nem todo mundo pode ser jurisconsulto ou orador; há mesmo poucos capazes de o serem. Mas, mesmo não sendo nem um nem outro, não deixa de agradar a pessoas, pedindo para elas, recomendando-as aos juízes e magistrados, velando seus interesses, solicitando para eles jurisconsultos e advogados. É um meio de fazer amigos e partidários. É necessário, porém, resguardar-se (a coisa é tão evidente que não vejo necessidade de advertir), ofendendo uns para agradar a outros. Muitas vezes se ofendem homens que se deveria poupar ou temer, se é sempre capaz de negligenciar quando se faz sem atenção, ou por temeridade quando se faz com intenção. Quando não é possível impedir de desagradar a alguém, é preciso pedir desculpas pela necessidade de agir de tal maneira, procurando reparar o mal usando dos melhores ofícios possíveis.

XX

Quando se tem consideração por alguém, ordinariamente, é por seu caráter ou por sua fortuna. Na verdade a maioria tem mais consideração pelo mérito que pela fortuna. A expressão é honesta, mas onde se encontram os que não seriam capazes de servir melhor um homem rico e poderoso do que um pobre, ainda que este seja homem de bem? Pendemos sempre para aquele do qual esperamos uma recompensa que seja mais considerável e mais pronta.

Mas penetremos um pouco mais a fundo nas coisas. Se o pobre é homem de bem, será reconhecido pelo favor recebido, mesmo que não possa pagar. Conforme dito de forma apropriada por alguém: aquele que ainda tem dinheiro não pagou sua dívida, e quem pagou não mais o tem; mas aquele que devolve uma gentileza a tem, e quem a tem a devolve. Os ricos, os grandes, os felizes não gostam de se sentir obrigados por benefícios. Entendem que, por isso mesmo, aqueles que lhe prestam os mais consideráveis serviços são sujeitos à suspeita de esperar ou desejar deles qualquer coisa. Para eles é pensamento mortal pensar que os tomam sobre sua proteção e que o tratam como seu cliente. O pobre, ao contrário, que sabe o prazer que causa a quem vê a sua pessoa e não a sua fortuna, nada esquece, mostrando reconhecimento ao seu benfeitor e mesmo àqueles (e são numerosos) de quem pode esperar qualquer coisa. Quando percebe que pode prestar bom ofício ao benfeitor, longe de fazer valer seu trabalho, ao contrário, ele o rebaixa. Quando se presta qualquer serviço a um homem poderoso e rico, ele só ficará contente ou transferirá o agradecimento a seu filho; ao passo que, se prestado a um humilde cidadão, mas honesto, todos os seus semelhantes, em grande número entre o povo, serão tão gratos como ele, e o terão como um defensor comum.

Não hesito em afirmar que serviços prestados aos pobres, pessoas de bem, são mais bem empregados que os prestados aos ricos. Contudo, é interessante prestá-los tanto a uns como a outros. Mas se um homem de bem concorre com um rico, preciso tomar o conselho de Temístocles. Perguntaram-lhe a quem ele daria a filha de melhor boa vontade, a um homem honesto, mas de poucas posses, ou a um rico que não gozasse de boa reputação. "Gostaria mais — disse ele — de um homem sem dinheiro do que de dinheiro sem homem."

Nos deixamos empolgar pelas riquezas e foi o que corrompeu nossos costumes. Que são para cada um de nós as grandes riquezas? Os bens são uma vantagem para quem os tem, e, assim mesmo, nem sempre. Suponhamos que se tenha um; não se está à vontade, mas não se é mais virtuoso? Se um homem rico é também honesto, pode-se tratar de servi--lo não por ser rico, mas por ser honesto.

A última regra a dar para benefícios é o cuidado em dá-los, para que não se seja injusto e não se prejudique alguém. Nenhuma reputação perdurará se não se fundar na justiça e sem que tenha alguma coisa de estimável.

XXI

Depois de ter dito sobre serviços que podem ser prestados aos particulares, vamos aos benefícios que se relacionam com o povo e com a república.

São de duas espécies: uns, de utilidade mais genérica, outros, mais particulares, sendo certo que estes últimos inspiram maior reconhecimento.

É preciso reunir, se possível, uns e outros, principalmente os que agradam a particulares, mas que sejam úteis à república, ou que não lhe tragam nenhum prejuízo.

As doações de trigo de Caio Graco eram consideráveis; também esvaziaram o tesouro público; as de Marco Otávio, ao contrário, eram feitas com mais reserva, não sobrecarregavam a república, mas não deixavam de atender às necessidades do povo suficientemente. Foram assim salutares não só aos particulares como também ao Estado.

Um dos primeiros cuidados do estadista deve ser estimular a conservação do bem de cada um; que a autoridade pública não tente contra a propriedade de particulares. Não havia nada de mais pernicioso que a lei agrária proposta por Felipe quando ele era tribuno do povo. Verdade é que admitiu sua rejeição pelo povo sem grande resistência, mostrando assim muita moderação. Mas em todo o discurso que pronunciava afirmava que não havia em Roma 2 mil cidadãos que tivessem um patrimônio. Era um discurso criminoso e que não pregava senão a partilha de todos os bens. Pode-se imaginar algo de mais pernicioso? Com efeito, os homens só formaram a república para poder assegurar a cada um sua propriedade. Quando a natureza os leva a viver em sociedade, procuram viver nas cidades para poder ficar em estado de melhor conservar seus bens.

Outra coisa que se deve observar é não recorrer aos impostos, como nossos ancestrais muitas vezes tiveram de fazer para a continuidade das guerras, evitando o esgotamento do tesouro. É preciso prever com antecedência para que isso não aconteça; mas se isso for necessário para uma república (falo em geral, preferindo fazer esse presságio para outra), que ao menos se faça de maneira que todos os cidadãos saibam que é o único meio de salvação pública.

Enfim, os que governam a república devem ter muito cuidado para que haja abundância de coisas indispensáveis à vida. Não tenho necessidade de realçar esse pormenor conhecido de todos, devia somente lembrá-lo.

Na administração da coisa pública é preciso, sobretudo, conduzir-se de tal maneira que se evite a menor suspeita de avareza. "Pedi a

Deus" — dizia Caio Pôncio, o Samita — "que a fortuna me fizesse nascer quando os romanos se acostumassem a receber presentes. Eu não os deixaria sofrer o peso do mando por muito tempo". Ele não teria alguns séculos para esperar por isso, mas recentemente isso acontece conosco; e, sendo um homem de tanto vigor, estaria satisfeito por ter vivido no tempo de nossos antepassados. Há 110 anos, Lúcio Pisão propôs a primeira lei contra os concussionários. Depois, tanto se tem visto, sempre com mais gravidade, houve tantas acusações, tantas condenações, e na Itália foi movida grande luta por aqueles que temiam a mesma sorte. O desprezo das leis e de toda a justiça de tal modo maltratou e saqueou nossos aliados que, se ainda subsistimos, é mais pela fraqueza deles que por nossa virtude.

XXII

Panécio louva com razão o Africano de ter sempre as mãos limpas. Ele tinha que louvar nele outras qualidades; aquela era uma virtude daquele tempo mais que da pessoa.

Paulo Emílio se tornou senhor de todos os tesouros da Macedônia; esses tesouros eram tão consideráveis que seus despojos, postos nos cofres do Estado, por qualquer de nossos generais, fariam cessar todos os impostos que pesavam sobre os cidadãos; mas ele levou para sua casa uma glória imortal para seu nome e sua virtude.

Cipião, marchando sobre a esteira de seu pai, não voltou mais rico depois de ter destruído Cartago. Lúcio Múmio, seu colega, tornou-se mais opulento depois de ter abatido uma das mais ricas cidades do mundo? Preferiu ornar a Itália do que sua casa, pois que ornamentada a sua casa também o seria.

Mas voltemos ao nosso assunto para concluir que a avareza é o mais vergonhoso dos vícios. Para os que, encarregados de governar a república, fazem das funções públicas um meio de enriquecer, cometem a coisa mais infame, a mais odiosa, a mais criminosa para um homem público. Pode-se mesmo afirmar que este oráculo de Apolo, quando declarou que Esparta só pereceria pela avareza, fez uma predição para todos os povos que vivem na opulência, como os lacedemônios.

Para os chefes de Estado nada mais fácil para conquistar a benevolência do povo que a integridade e o desinteresse. Quanto àqueles que, para serem populares, propõem lei agrária que expulsaria os proprietários de suas terras, ou pretendem pronunciar a abolição de dívidas, abalam os dois principais fundamentos da república, a concórdia dos cidadãos, que não subsistiria quando se perde um bem ao credor para gratificar o devedor, e a justiça, que é derrubada com violência desde que ninguém possa estar seguro do que é seu. Como já disse, é da essência de toda a cidade, de todo o Estado, que cada um possa ter, com segurança, o que é seu, sem temer que se lhe tire. Há mais: arruinando dessa maneira a república, eles não conquistariam as graças do povo a que tanto aspiram. Não só os que perderam seus bens tornaram-se inimigos declarados de quem os tirou como os que receberam não querem que se pense que eles os desejavam; o devedor remido, sobretudo, oculta sua alegria de medo que o julguem insolvável.

Contudo, quem recebe uma injúria lembra-se dela e guarda ressentimento; ainda mesmo que o número dos que devam maliciosamente seja maior do que o dos injustamente despojados, não seriam aqueles nem por isso os mais fortes; pois não é o número que importa, mas a qualidade. Ora, onde está a equidade em arrebatar de alguém o que passou de pai para filho depois de muitos anos, ou mesmo séculos, para dar a outro que nada possuía?

<h2 style="text-align:center">XXIII</h2>

Não foi por uma injustiça de tal gênero que os lacedemônios expulsaram o éforo Lisandro e mataram o rei Ágis, coisa de que não havia exemplo entre eles? Daí viveram eles entre dissensões, apareceram tiranos, pessoas de bem foram banidas e essa república tão bem organizada caiu em ruínas. O contágio desse mal passou para o resto da Grécia e a perdeu totalmente.

E entre nós não foram as perturbações da lei agrária que fez perecerem os Gracos, filhos do ilustre Tibério Graco e netos de Cipião. Arato de Sicião mereceu, ao contrário, grandes elogios. Sua pátria foi durante cinquenta anos oprimida por tiranos; ele, saindo de Argos para onde havia se retirado, entrando secretamente em Sicião, tornou-se o chefe, surpreendeu e mandou matar o tirano Nícocles, chamou seiscentos dos mais ricos cidadãos que os tiranos tinham expulsado, devolveu-lhes os bens e fez voltar a liberdade. Entretanto, encontrou grande embaraço por causa dos bens dos cidadãos chamados. Se, de um lado, não seria justo que ficassem na indigência, enquanto outros gozavam o que lhes havia sido roubado, de outro, parecia injusto turbar uma posse de cinquenta anos sabendo que, durante esse tempo, grande parte desses bens passaram a outras mãos, por sucessão, venda e casamento, sendo possuída de boa-fé por aqueles que os retinham. Ele julgou que não tinha o direito de os despojar, mas que também não podia impedir a satisfação dos antigos proprietários; e, vendo que as coisas não se podiam acomodar senão pelo dinheiro, declarou que tinha viagem a fazer a Alexandria e ordenou que tudo ficasse como estava até a sua volta. Foi então imediatamente procurar seu antigo hóspede Ptolomeu, que ainda reinava em Alexandria, o segundo rei depois da fundação da cidade. Expôs o desejo que tinha de devolver a liberdade de sua pátria, explicou-lhe a situação e obteve facilmente desse opulento monarca uma considerável soma de dinheiro. De volta a Sicione com esse dinheiro, Aratus escolheu quinze dos principais cidadãos para ajudá-lo com seus conselhos nesse trabalho, e, depois de ponderar as razões dos que foram despojados e dos que possuíam, fez promover uma avaliação total; persuadindo a uns de que era mais vantajoso para eles receber o preço, a outros, que era mais vantajoso receber o dinheiro do que conservar os bens. Conseguiu, afinal, pôr todos de acordo, não dando razões para queixas. Que grande homem! Eis como se procede com os cidadãos, e não fazendo vender seus bens no fórum, em leilão, como vimos por duas vezes. Esse grego, homem sábio que era, percebeu que era preciso tratar dos interesses de todos; um bom cidadão tem por máxima principal não tocar nos bens alheios, guardando igual justiça para todos.

Habitais gratuitamente a casa de alguém? A que título? Comprei esta terra, construí esta casa, que mantenho, tratei de sua dispensa e, apesar disso, vós as desfrutais? Então o que se chama tomar o que é de alguém e dá-lo a outro? Que significam as novas leis sobre abolição de dívidas senão que comprais a terra com meu dinheiro e que isso é vosso porque me despojaram do que era meu?

XXIV

É preciso impedir, e isso é possível de muitas maneiras, as dívidas nocivas à república; e não se tratar de, feito o mal, despojar os credores em proveito dos devedores. A boa-fé é o apoio mais firme de um Estado, e não há boa-fé quando os devedores podem se isentar de pagar o que pediram emprestado. Nunca se fez mais esforços para abolir dívidas do que no meu consulado. Homens de todas as condições, de todas as ordens, tomaram armas e se reuniram; encontraram em mim vigorosa resistência, e a república se viu livre desse mal. Nunca houve tantas dívidas e nunca se pagou tão facilmente; pois, não se esperando fraudar, trataram de adquirir. Esse homem que depois nos venceu, mais do que eu venci então, executou o que tinha projetado, embora isso não fosse necessário; mas ele se portou tão mal que teve prazer em fazer, embora perdido o interesse.

Os que governam devem se resguardar de fazer larguezas para uns em detrimento de outros; também ter cuidado para que as leis e os tribunais deem a cada um o que é seu, que não se possa abusar da fraqueza dos pobres e que a inveja contra os ricos não seja um pretexto para perturbá-los na posse de seus bens e os impeça de recobrar o que lhe é devido. De resto, que eles se sirvam de todos os meios que a guerra externa e a indústria lhes possam fornecer para atingir o poder e aumentar o território e as vantagens da república. Eis o que sabem fazer os grandes homens; eis o que nossos antepassados fizeram tantas vezes; assim que se trabalha utilmente para a república, adquirindo consideração e glória para si.

Entre os preceitos relacionados com os interesses da vida, Antipater de Tiro, filósofo estoico, morto há pouco em Atenas, achava que Panécio se esqueceu de dois quando deixou de falar da saúde ou da riqueza. Para mim, Panécio se esqueceu de falar porque são coisas fáceis: mas elas têm seguramente sua utilidade. Conserva-se a saúde pelo conhecimento do temperamento, pelo estudo das coisas que fazem bem e mal, por muita sobriedade, pelos diversos cuidados que se deve tomar com o corpo, pela moderação nos prazeres: pelo concurso da medicina. Quanto à riqueza, pelos meios honestos que se trata de a adquirir, pelo cuidado, a boa ordem e economia que se fazem para conservá-la e aumentá-la. Todo esse assunto foi tratado por Xenofonte no seu livro *Economia* que traduzi do grego para o latim quando, meu filho, tinha a sua idade. Sobre os meios de adquirir dinheiro e colocá-lo vantajosamente se aprendera melhor entre essas pessoas honestas que estacionam mais nos pórticos de Janus do que nas escolas de filósofos. Só quando eles se referirem ao útil é que se tornarão objeto deste compêndio.

XXV

Mas a comparação entre coisas úteis, essa quarta divisa de que Panécio não tratou, é muitas vezes necessária. Por exemplo, pode-se comparar os bens corporais com os bens exteriores, estes com os corporais e uns e outros entre eles. Comparam-se os bens corporais com os bens exteriores quando se procura saber, por exemplo, se é melhor ser honesto ou ser rico. Comparam-se os bens exteriores com os corporais quando se procura saber se é melhor ser rico do que ser atleta. Comparam-se os bens corporais com os bens exteriores quando se procura escolher entre a saúde e o prazer, entre a força e a agilidade. Comparam-se os bens exteriores entre eles quando se procura saber se a glória é preferível às riquezas, as vantagens da cidade, às do campo. Essa espécie de comparação lembra palavra do velho Catão. Perguntaram-lhe certa vez qual era, no patrimônio, a primeira riqueza: "Ter bom rebanho" — respondeu. "E a segunda?" "Ter rebanho menos bom." "A terceira?" "Ter maus rebanhos." "E a quarta?" "Trabalhar." "Mas" — disse quem perguntava — "se se puser seu dinheiro a juros?" "E se o assassinam?" — respondeu Catão. Esse e outros exemplos provam que só se comparam entre si coisas úteis e que tal questão devia ter seu lugar num tratado sobre pesquisa dos deveres.

LIVRO III

I

Públio Cipião — primeiro a ser chamado Africano — tinha o costume de dizer, segundo nos informa Catão, seu contemporâneo, que nunca era menos ocioso do que quando estava ocioso e nunca menos sozinho do que quando estava só. Linda linguagem, digna de grande e sábio homem. Por aí se vê que Cipião tinha por costume meditar quando estava em repouso, entretendo-se com seus próprios pensamentos, de maneira que nunca estava ocioso nem mais acompanhado do que quando estava só, pois não perdia ocasião de passar de uma preocupação para outra.

Assim, duas coisas que entorpecem o espírito de outros, a ociosidade e a solidão, significavam preocupação para ele. Quisera Deus, meu filho, que eu pudesse dizer a mesma coisa. Mas se não posso atingir pela imitação a altura desse grande gênio, eu me aproximo dele pela vontade. Excluído dos negócios da república e dos do tribunal pela violência dos maus, estou ocioso, e quando deixo a cidade e percorro os campos, eu me acho só.

Minha ociosidade e a solidão não merecem ser comparadas às de Cipião. Ele, para repousar das importantes funções da república, procurava a ociosidade e, fugindo da multidão, desejava ficar solitário, como porto tranquilo. Minha ociosidade não é tanto efeito do meu prazer de repousar como da cessação de meus negócios; agora que o senado foi suprimido, e que não há mais tribunais, que ocupação digna de mim poderei encontrar fora do fórum e da cúria? Eu, que vivia em pleno dia e sob o olhar de todos os cidadãos, me encerro agora, quanto me é possível, evitando ver os celerados que estão em toda parte e em grande número; e estou quase sempre só.

Mas, como aprendi de pessoas esclarecidas que de muitos males inevitáveis convém escolher os menores, tirando deles, se possível, alguma espécie de vantagem, eu gozo de minha ociosidade (bem diferente daquela que podia esperar quem trouxe repouso à república) e não me deixo definhar nessa solidão em que me encontro mais por necessidade que por livre escolha.

Cipião, reconheço, adquiriu muitas glórias, mas não deixou para as letras nenhum documento de seu gênio, nenhum fruto de sua ociosidade, nenhum produto de sua solidão; isso nos faz perceber como era ele ocupado pelos seus pensamentos e pelas coisas que a meditação o ajudava a descobrir, e por isso podia dizer que nunca estava ocioso, jamais só. Para mim, que não tenho força de espírito suficiente para me distrair de minha solidão só pela meditação, dedico-me a escrever, aplicado inteiramente nisso. Escrevi mais, em curto espaço de tempo, depois da queda da república do que durante os anos em que ela existiu.

II

Ainda que a filosofia, meu caro filho, seja uma região onde não há terras incultas, onde todos os trechos são férteis e abundantes, nela nenhuma parte é tão rica e produtiva quanto a dos deveres, quero dizer, a das regras que tratam de uma vida honesta e bem ordenada.

Acredito que você tenha recebido, e aprendido sem cessar as lições de nosso caro Crátipo, o primeiro dos filósofos deste século, esses preceitos tão necessários; mas creio que seria vantajoso ter os ouvidos dirigidos para esses discursos, não ouvindo falar, se possível, de outras coisas. Essas lições convêm a todos que estabelecem honesto plano de vida; acredito que você precisa disso mais que ninguém; porque espero que faça todo o trabalho para imitar seu pai a fim de obter as mesmas honras que ele, e possivelmente a mesma glória. Você tem ainda nova obrigação, cujo peso não é menor, o nome de Atenas e o de Crátipo; você foi, por assim dizer, adquirir deles a sabedoria; para você seria vergonhoso voltar vazio e desonrar a autoridade da cidade e a do mestre.

Faça assim os maiores esforços e não desperdice cuidados no trabalho (se o trabalho de aprender não é antes um prazer) para aproveitar suas vantagens; e não se queixe quando se disser que, tendo recebido todos esses recursos de minha parte, você fracassou. Mas já disse muito, pois não tenho deixado de fazer semelhantes recomendações sempre que posso. Voltemos, pois, o mais depressa, para a última divisão de nosso assunto.

Panécio, que na opinião de todos tratou dos deveres com grande cuidado e a quem tenho particularmente seguido, retificou em alguns pontos suas ideias. Panécio dividiu esses assuntos em três espécies de considerações que os homens costumam estabelecer quando deliberam sobre essa atividade: uma, se a coisa é honesta ou não; outra, se é útil ou prejudicial; e a terceira, que partido deve ser tomado quando, parecendo honesto, é contrário ao útil. As duas primeiras ele trata nos três primeiros livros, prometendo, em seguida, tratar da terceira; entretanto, não fez o que prometeu.

Surpreende-me que Possidônio, seu discípulo, informe que ele viveu trinta anos depois de ter publicado esses três livros. Surpreende-me também que Possidônio tenha tratado ligeiramente do assunto em suas reflexões, pois ele mesmo admitiu que isso é muito importante em filosofia. Não penso como alguns que esse assunto tenha sido negligenciado por Panécio, nem que ele tenha o omitido intencionalmente, mesmo porque o útil e o honesto nunca devem estar em contradição.

Permitam-me apresentar a questão se se deve ou não tratar desse assunto, que forma a terceira divisão de Panécio. Que Panécio resolvesse dele não tratar, renunciando-o, é o que não se deve duvidar; porque, havendo, numa divisão, três questões a tratar, ele só tratou das duas primeiras; deixando necessariamente a terceira. Além disso, ao fim de seu terceiro livro, prometeu tratar em seguida do assunto. Sobre isso temos o testemunho autêntico de Possidônio; ele lembra, em uma de suas cartas, que Públio Rutílio Rufus, discípulo de Panécio, dizia muitas vezes que pintor algum quis terminar Vênus de Cós, começada por Apeles, porque a cabeça era tão linda que ninguém tinha esperança de fazer um corpo que pudesse completá-la; assim, o que Panécio escreveu sobre os deveres era tão perfeito que ninguém tinha coragem de completar tão difícil tarefa.

III

Não se poderá, pois, duvidar da intenção de Panécio, mas teria ele razões para aditar essa terceira parte a seu *Tratado dos deveres*? É o que colocaremos em questão.

Porque ainda que nada haja de bom que não seja honesto, como sustentam os estoicos, vê-se que, como dizem os peripatéticos, o honesto é um bem tão grande que todos os outros, comparados a ele, não merecem qualquer consideração, sendo certo que a utilidade nunca pode ser posta em confronto com o honesto. Nós vemos o próprio Sócrates maldizer aqueles que primeiro sustentaram a opinião de que a natureza e a verdade não se separam nunca. E os estoicos penetraram de tal sorte no sentir de Sócrates que, segundo eles, tudo o que é honesto é útil; que mesmo nada é útil que não seja honesto. Se Panécio tivesse sido daqueles que dizem que não se deve praticar a virtude a não ser tendo em vista o que ela traz, como os que só apreciam as coisas desejáveis pelo prazer que dão, ou pelo mal que espalham, podem pretender algumas vezes que a utilidade possa ser contrária à honestidade. Mas como ele era, ao contrário, dos que entendiam que nada há de bom que não seja honesto, e que as coisas que têm qualquer aparência de utilidade e nem são contrárias à honestidade não fazem a vida humana nem melhor nem pior do que é, parece que não se deve estabelecer ou deliberar que o que parece útil possa ser posto em comparação com o honesto.

Quando os estoicos dizem que o bem supremo é viver como a natureza exige de nós, entendem que o bem supremo consiste em se conformar sempre com a virtude, e que, para conhecer as coisas que convêm à natureza, é suficiente verificar que elas não repugnam a virtude. É por isso que se diz que não deve ser comparada a honestidade com a utilidade, nem estabelecida, e que sobre tal assunto não se deve criar preceitos. Mas a honestidade perfeita, a única que merece tal nome, nunca se pode separar da virtude, e só se encontra nos sábios; os homens de sabedoria imperfeita não podem possuir essa honestidade perfeita, pois dela só têm a imagem. Todos os deveres tratados por nós nesta obra são deveres que os estoicos chamam de *deveres medianos*; são comuns a todos, levados por todos, e fáceis de serem atingidos em consequência de uma boa natureza ou de uma boa educação. Mas para os deveres que chamam *deveres perfeitos*, é a perfeição absoluta, a qual nada falta, e só é atingida pelos sábios.

Contudo, quando alguém tem noção de um dos *deveres medianos,* o toma como uma ação perfeita, porque o vulgo, que não tem ideia de perfeição, não vê como tal ação está longe disso; como se satisfaz com sua ideia, acha que nada lhe falta. É o que acontece todos os dias a propósito de poemas, quadros e outras obras, quando os que não são conhecedores louvam e admiram aquilo que não merece ser louvado ou admirado. Isso deriva de que os seduzem as boas qualidades, e ignoram os defeitos. Quando os mais hábeis que eles mostram os defeitos, comodamente reconhecem seus erros.

IV

Os deveres que aqui estudamos não encerram, conforme os estoicos, senão uma honestidade de segunda ordem, que não pertence particularmente ao sábio, mas é comum a todos os homens, por pouco sentimento de virtude que tenham.

Quando citamos, por sua bravura, os dois Décios e os dois Cipiões, Fabrício ou Aristides pela sua justiça, nós não citamos a bravura de uns e a justiça de outros senão como exemplos dados pelos sábios, pois nenhum deles possuía o que nós entendemos por sabedoria suprema. São daqueles que passaram por sábios e aos quais se deu esse nome, como Marco Catão, Caio Lélio e os sete sábios da Grécia; embora houvesse entre eles qualquer coisa que parecesse à sabedoria perfeita, resultaria, em verdade, em praticar deveres medianos. Não se pode permitir fazê-los entrar em comparação com essa honestidade perfeita e a utilidade que lhe é oposta, nem mesmo com a honestidade comum, exatamente observada por aqueles que querem ser tidos como pessoas de bem; devemos guardar e defender essa honestidade, que faz parte do cultivo do espírito, com o mesmo cuidado que com aquela que os sábios chamam honestidade propriamente dita, a verdadeira probidade. De outra forma comprometeríamos todo o progresso que fazemos nessa virtude.

Até aqui falamos daqueles que, com exata compreensão de seus deveres, são chamados de pessoas de bem. Quanto aos que avaliam as coisas pelos proveitos que tiram, e que não querem que a honestidade seja ultrapassada pelo que pesa, esses, nas suas deliberações, têm por costume colocar o útil em comparação com o honesto; isso nunca fazem as pessoas de bem. Creio que Panécio, quando disse que os homens costumam comparar o útil e o honesto, assim entendeu só porque os homens costumam comparar, mas não que o façam; pois é vergonhoso não só preferir o honesto ao que tem aparência de utilidade, e mesmo ser capaz de colocar um e outro paralelamente, contrabalançando os dois.

Quando é, então, que, tendo dúvida sobre qualquer coisa, se pode examinar essa dúvida? Creio que é aquilo que não se percebe bem de que natureza é. O tempo e as circunstâncias fazem, muitas vezes, o que é ordinariamente vergonhoso, deixar de ser. Eis aqui exemplo cuja aplicação é muito extensa. Não há maior crime que matar um homem, sobretudo um amigo. Dir-se-á, acaso, que não é crime matar um tirano com quem não se tem qualquer ligação de amizade? Não é assim que se julga entre os romanos, que pensam que seria a melhor ação a ser feita. A utilidade leva isso acima da honestidade? Não, sem dúvida, mas o útil será consequência do honesto.

Se queremos estar tranquilos de consciência todas as vezes em que aquilo que concebemos como útil pareça contrário ao que chamamos honesto, devemos estabelecer certa regra; e, se a seguirmos na comparação de diferentes objetos, não demoraremos em encontrar o que nosso dever reclama de nós. Essa regra está perfeitamente conforme a doutrina dos estoicos, que seguimos neste trabalho; com efeito, alguns acadêmicos e seus peripatéticos, que antes eram os mesmos, preferiam a honestidade a tudo que parecesse útil. Toda essa matéria foi tratada com mais nobreza e dignidade pelos que afirmaram que tudo o que é honesto é útil, e mesmo para os que afirmam que há coisas honestas que não são úteis, e coisas úteis que não são honestas. Nossa Academia, entretanto, nos dá liberdade para seguir a teoria que julgarmos melhor. Mas eu prefiro a regra.

V

A morte, a pobreza, a dor e outros acidentes corporais e exteriores não são tanto contra a natureza como tomar de alguém o que lhe pertence, enriquecendo-se às suas expensas. Tal ação só tende a destruir qualquer sociedade entre os homens. Com efeito, se cada um estivesse disposto a fazer violência aos outros, despojando-os dos bens que adquiriu, isso resultaria na dissolução da sociedade, que é a coisa mais conforme a natureza. Se cada membro de nosso corpo fosse organizado de tal maneira que se acreditasse que melhor funcionaria dando-lhe a substância de igual membro pertencente a outro, o corpo se destruiria por si mesmo, desde que se tirasse o que a outro pertence para aumentar o seu, a sociedade humana seria fatalmente destruída. Que cada um prefira adquirir para si e para os outros o que é necessário à vida, isso não contraria a natureza; essa mesma natureza, contudo, não tolera que se despoje os outros para enriquecer. Isso não é contrário só à natureza, ou seja, ao direito das gentes, mas às diferentes leis estabelecidas pelas cidades, pois que é evitando que se faça mal aos outros que se obtém vantagem própria. A manutenção da sociedade humana, esse é o fim de todas as leis; elas punem não só com penas pecuniárias, mas com prisão, exílio e morte, todos os que pretendem perturbar. Esse mesmo princípio é imposto pela razão, que é a lei divina e humana: a quem observar, quero dizer, quem quiser viver segundo a natureza, nunca deseje o que é de outrem e não trate de o tomar e muito menos de se apropriar.

A elevação e grandeza d'alma, a bondade, a justiça, a generosidade são, sem dúvida, muito mais conforme a natureza que a riqueza, a volúpia, a própria vida que uma alma bem formada deve conter, desprezando tudo pelo bem público; pela mesma razão a injustiça que faz usurpar o bem de outros para dele se aproveitar é mais contrária à natureza que a morte, a dor e todas as outras coisas do mesmo gênero.

Ainda é segundo a natureza empreender grandes trabalhos, expor-se a grandes penas, para socorrer, se possível, todas as nações, a exemplo de Hércules, a quem a opinião dos homens, fundada no reconhecimento de seus benefícios, colocou entre os deuses, antes de viver em retiro, quando ele podia estar ao abrigo de penas e ainda na abundância de toda a espécie de bens e delícias, aproveitando-se das vantagens da força e da beleza. Um coração nobre e elevado põe sempre o primeiro gênero de vida bem acima do segundo. Disso resulta que um homem que segue a natureza nunca fará mal a outro homem.

Quando alguém, esperando vantagens, se mete a prejudicar outrem, ou crê não estar contra a natureza, ou está persuadido de que a morte, a pobreza, a dor, a perda de seus filhos, de seus parentes, de seus amigos são qualquer coisa de pior que cometer injustiça; se acredita estar contra a natureza violando as leis da sociedade humana, não adianta discutir com tal indivíduo, que vai até sufocar no homem tudo o que há de humano. Se, ao contrário, reconhece que é preciso evitar injustiças, mas que a morte, a pobreza e a dor lhe parecem qualquer coisa de pior, ele crê que os males do corpo e os acidentes da fortuna são mais de temer que os vícios da alma, e está errado.

VI

É princípio de conhecimento geral que a utilidade pública e a utilidade particular são uma só e mesma coisa. Se cada qual tira para si mesmo, a sociedade humana será dissolvida. Se a natureza prescreve que o homem deve fazer o bem a seu semelhante, pela única razão de ser homem, segue-se que nada há de útil em particular que não seja em geral. Por isso essa lei da natureza é igual para todos, e a ela estamos todos sujeitos; a lei natural nos proíbe ainda de prejudicar os outros. O primeiro princípio sendo verdadeiro, o segundo também o é. É absurdo o que dizem, que não devem tomar nada a um pai e a um irmão, tendo em vista vantagem própria, mas que, em relação aos outros, sim. Afirmar essa máxima é excluir direitos sagrados que unem os cidadãos e os obrigam a tratar

LIVRO III • 127

da utilidade comum, aniquilando as associações nas cidades. Há outros que admitem ser necessário respeitar direitos de concidadãos, mas não de estrangeiros; esses destroem a sociedade em geral que compreende o gênero humano, cuja ruína importará na destruição de tudo o que se chama bondade, humanidade, justiça, liberalidade. Desatender a essas virtudes é ser ímpio com os próprios deuses, destruindo a sociedade que eles estabeleceram entre os homens, cuja característica é a persuasão de que nada há mais contrário à natureza que despojar outro de seus bens, aproveitando-se dele e expondo o semelhante a todas as desgraças, aos males do corpo, às penas do espírito, supondo que a justiça não esteja interessada. A justiça, virtude por excelência, é senhora e rainha de todas as virtudes.

Mas, dir-se-á: "o sábio, a ponto de morrer de fome, poderá privar de um pedaço de pão o miserável que não serve para nada?" Certamente, não! Tal disposição de sua alma, que o torna incapaz de desviar a seu favor, lhe é mais cara que a vida. "O quê?" — dirão, entretanto, se o mesmo homem, quase morrendo de frio, se encontra em situação de despojar Falaris, o mais cruel dos tiranos, há alguma razão que o deva impedir? É o que não é difícil decidir; pois, se no seu próprio interesse você despoja um homem, seja ele o mais inútil, você comete uma ação desumana e ultraja a lei da natureza. Somente se a conservação dessa vida era extremamente útil à república e à sociedade, o crime que você cometeu, por esse motivo, não seria caso de repreensão? Mas, fora daí, o que se deve é suportar sua desgraça, respeitando o que é dos outros. A doença, a pobreza, e todas as coisas dessa espécie, são menos contra a natureza que a usurpação e mesmo a cobiça de bens alheios.

É também contra a natureza abandonar o zelo pela coisa pública, pois esse abandono é uma injustiça. Assim, a própria lei natural, que mantém o bem público, é favorável ao homem de mérito e de virtude que não deve perecer e permite que se tome o que é preciso do homem inútil e ocioso para salvar uma vida. Isso, contudo, sem cometer injustiça, presunção ou amor-próprio, só tendo em vista a utilidade pública e o bem da sociedade. Quanto à questão apresentada sobre Falaris, prefiro deixar em suspenso; entre nós e os tiranos, não existe nenhum ponto de contato, antes grande separação, e não é contra a natureza desviar de seus

128 • DOS DEVERES

hábitos um homem que deve ser eliminado. É preciso purgar da terra todas as pestes do gênero humano, afastando do corpo o membro onde não circulam sangue e espírito vital. Assim, as outras partes não ficam afetadas; assim se arrasam esses monstros da sociedade que, sob figura humana, escondem a sanha e a ferocidade dos animais ferozes. Todas as outras questões nas quais os deveres dependem das circunstâncias são mais ou menos semelhantes.

VII

Creio que Panécio não tenha falado desse assunto por outra qualquer ocupação ou outro qualquer acidente que o impediu de prosseguir no seu desejo. Encontram-se nos dois livros precedentes muitos preceitos que permitem discernir entre quais as coisas que deve-se evitar porque ferem a probidade e as que não se deve abster porque não lhe são contrárias. Mas como nossa construção está bem avançada, e não temos senão que constatar o fato, quero fazer como fazem os geômetras, pedindo que se lhes concedam alguns princípios. Concorde comigo, meu filho, se puder, que nada é tão desejado por si mesmo como a probidade; ou, se Crátipo não lhe permite, concedei-me ao menos que ela não é tão nula assim. Uma dessas duas proposições é suficiente para mim; a primeira é mais provável, a segunda o será ainda com vantagem, parece-me que fora disso nada há de provável.

Sobre esse assunto devo ainda defender Panécio, quando disse não que o honesto se encontra em oposição ao útil, pois seus princípios o impediam de dizer, mas que ele pode estar com o que pareça útil. Em muitos trechos ele declara expressamente que nada é útil se não for honesto, e que tudo o que é honesto é útil. Sustenta ainda que nada há de mais pernicioso que a opinião dos que separam as duas coisas. Se falou da contrariedade aparente, e que nunca pode ser real, do honesto e do útil, não se pode pretender que ele tenha dito preferir o útil ao honesto; quis somente que estivéssemos em situação de distinguir. Esse último ponto de sua divisão, de que ele não tratou, eu suplemento sem auxílio de ninguém, porque, de tudo que se escreveu sobre o assunto depois de Panécio, nada veio ao meu conhecimento ou me agradou.

VIII

Quando se nos apresenta qualquer coisa com aparência de utilidade, não negamos que nos enternece. Mas, se, depois de olhar de perto, compreendemos que há algo de vergonhoso no que nos parecia útil, é preciso não só renunciar ao útil, mas compreender que o que envergonha nunca é útil. Porque se é verdade que nada é tão contrário à natureza como o que é desonesto (pois ela prefere a decência, a compostura, a honestidade, rejeitando tudo que lhes é contrário), é claro que uma coisa não poderia ser ao mesmo tempo útil e desonesta. De mais, sendo verdade que nascemos para a honestidade, que é a única coisa desejável, como sustenta Zenão, ou ao menos a mais desejável de todas, como ensina Aristóteles, segue-se necessariamente que é ela o único bem que há, ou, ao menos, o maior de todos os bens. Ora, o que é um bem é necessariamente útil: desse modo, o que é honesto é útil.

Os maus, na sua cegueira, são tocados pelo que lhes parece útil, e o separam do honesto; daí assassinatos, envenenamentos, falsos testemunhos, roubos, concussões, pilhagens; daí riquezas excessivas que dão funesto crédito; daí essa paixão de reinar que aparece até nos Estados livres, a qual, de todos os crimes, é o mais infame e o mais detestável. Nos seus julgamentos errôneos, esses maus não veem senão vantagens que podem tirar das coisas; não veem o castigo, não digo das leis, que violam muitas vezes, mas uma pena muito mais cruel, a da própria desmoralização.

Que não seja motivo de qualquer dúvida a questão de saber se se segue conforme a probidade ou se se entrega ao crime reconhecido como tal. Uma tal deliberação, por si só, já é um crime e uma impiedade, e é ser culpado pelo fato de ter hesitado entre um e outro, mesmo que não se tenha posto em ação. Não se deve pôr em equação coisa que pela simples cogitação já é vergonhosa. Deve-se, ainda, afastar, em toda a deliberação, a ideia, a esperança de má ação, embora secreta, porque, por poucas tinturas de filosofia que se tenha, embora se tenha podido enganar a apreciação dos deuses e dos homens, não se poderia esconder deles a consequência, quer por avareza, quer por injustiça, quer por libertinagem, quer por incontinência.

IX

A esse propósito Platão conta uma aventura de Giges, que, vendo a terra entreaberta depois de longo período de chuvas, desceu por esse abismo e nele viu um cavalo de bronze que tinha de cada lado uma porta. Giges abriu uma, vendo nela o corpo de um homem morto, de grande estatura, com um anel de ouro num dos dedos. Apanhou-o, colocou-o no seu dedo e voltou a juntar-se aos outros pastores. Logo que volveu o engaste desse anel para dentro de sua mão, tornou-se um homem invisível, sem deixar de ver os outros; quando voltava o engaste para fora, ele se tornava visível, como anteriormente. Graças a isso, ele pôde introduzir-se no leito da rainha; ajudou-a a matar seu senhor e seu rei, desembaraçando-se de todos que lhe podiam criar obstáculos. Cometeu todos esses atentados sem ser visto por ninguém. Assim, por intermédio desse anel, obteve o título de rei da Lídia. Se um sábio obtivesse esse anel, não se sentiria com coragem de fazer mal, pois as pessoas de bem não procuram o segredo, mas a virtude.

Sobre isso alguns filósofos, que certamente não são maus, mas que não são muito sutis, dizem que ao que Platão se refere não é a uma fábula, dando por verdadeiro aquilo que é possível ou não. Esse anel e essa aventura têm a força da sua significação quando se pergunta a alguém o que faria se, sem ser visto nem suspeitado, pudesse aproveitar-se de tudo que a paixão de reinar, a avareza, a ambição e a impudicícia pudessem inspirar, e se ficaria contente se pudesse esconder isso dos homens e dos deuses. Dizem eles que o que se supõe é irreal. Mas, perguntamos, se o irreal se tornasse real, que escolheria? Eles persistirão em negar totalmente a possibilidade e não iriam mais longe porque não compreendem a questão. Quando lhes perguntamos o que fariam se não fossem vistos, contentando todas as suas paixões, nós não estamos perguntando sobre a possibilidade, mas, de qualquer maneira, colocando-os em tortura. Se eles respondessem que satisfariam suas paixões, supondo que a impunidade fosse certa, só por isso se confessariam culpados; se respondessem de maneira contrária, reconheceriam que todas as coisas criminosas se escondem e devem ser evitadas por si mesmas. Voltemos ao nosso assunto.

LIVRO III • 131

X

Algumas vezes se apresentam casos sedutores pela aparência de utilidade. Não falo de circunstâncias nas quais se procurasse saber se, por maior interesse, poder-se-ia deixar de lado o que prescreve a probidade (pois essas espécies de deliberação são criminosas), mas desses em que se fica em dúvida se tal coisa, que parecia útil, poderia ser feita sem maldade. Quando Bruto, por exemplo, afastou seu colega Colatino do consulado, podia parecer uma injustiça, pois Colatino o ajudara na expulsão dos reis e o tinha assistido com seus conselhos. Contudo, os principais da república julgaram necessário afastar toda a raça dos tarquínios, abolindo inteiramente esse nome e o da realeza. Essa resolução, conforme o interesse público, tornou-se por isso mesmo tão honesta que o próprio Colatino a ela se submeteria com prazer. A utilidade teve valor por causa da honestidade, sem a qual a utilidade não existiria.

Outra coisa não se pode deixar de dizer do primeiro rei, fundador de nossa cidade. Esse se deixou seduzir pela única aparência da utilidade, matando seu irmão porque lhe convinha reinar sozinho. O que lhe pareceu útil, embora não o fosse, lhe fez esquecer a humanidade e a ternura que deve ao próximo. Verdade é que procurou cobrir sua ação com aparência de probidade, alegando violação de suas muralhas, pretexto frívolo e insuficiente. Ele fez mal, é o que posso dizer, sem ofensa a Quirino ou Rômulo.

Assim, cada qual procura seu interesse e nada pode nos obrigar a abandonar os outros, aquilo que necessitamos para nós mesmos; mas é preciso procurar suas vantagens sem lesar os outros. Crisipo disse esta sábia frase, entre muitas outras: "como no estádio, cada um deve esforçar-se mais para levar a palma sem que seja permitido dar rasteiras no adversário ou afastá-lo com a mão, assim, na vida, cada um deve procurar o que lhe seja útil, mas não tomá-lo dos outros".

É em relação a amigos que se torna difícil debater seus deveres; pois é igualmente contra o dever não só ficar em desacordo com o que a justiça permite como admitir qualquer coisa que ela proíbe. Há, sobre isso, uma regra muito curta e muito cômoda: ceder à amizade tudo que tenha aparência de utilidade, como riquezas, honras, prazeres; mas nunca fazer aos amigos nada que seja contra a república, contra seu juramento, contra a prometida fé: assim fazem os homens de bem.

Se uma pessoa se encontra na contingência de julgar seu amigo, ela se despojará do título de amigo para tomar o de juiz. Tudo o que a amizade lhe permite é desejar que a causa do amigo seja uma boa causa, e de lhe outorgar, em toda a extensão da lei, o prazo de defesa. Quando tiver de lavrar sua sentença, depois do juramento solene que prestar, deverá lembrar-se, tomando Deus por testemunha de sua própria consciência, que é o que Deus deu ao homem de mais divino. Seria costume admirável se seguíssemos, segundo usavam nossos maiores, não pedir aos juízes o que podem ceder sem ferir seu dever; porque se é preciso fazer tudo o que querem os amigos, tais amizades seriam mais conluios que amizades. Falo dos amigos comuns, porque nada há a temer dos que são homens sábios e perfeitos.

Conta-se que Damon e Fíntia, os dois pitagóricos, foram unidos por tais sentimentos que um deles, condenado à morte por Denys, pediu tempo ao tirano para que pudesse pôr em ordem seus negócios. O amigo ficou como refém no lugar do condenado, obrigando-se a morrer se o outro não voltasse; mas ele voltou no dia marcado, e o tirano, surpreso e encantado com tanta fidelidade, solicitou que o admitissem nessa amizade tão perfeita.

Logo, quando a amizade que parece útil se encontra em oposição com o que é honesto, ponhamos de lado a utilidade e só nos apliquemos à honestidade. Mas quando os amigos nos solicitam coisas que não são honestas, prefiramos, à amizade, a moral e a religião; é assim que devemos fazer escolha entre nossos deveres, objeto de nossas pesquisas.

XI

É sobretudo no governo da república que, sob aparência de utilidade, se cometem injustiças; tal foi a destruição de Corinto pelos nossos antepassados. Os atenienses a usaram ainda com mais rigor quando fizeram cortar os dedos dos eginetas, dos quais temiam a marinha. Isso pareceu útil aos atenienses, porque a proximidade da ilha de Egim era ameaçadora para o Pireu; mas a crueldade nunca pode ser útil, porque nada mais oposta à natureza, a qual sempre nos deve guiar.

Fizeram ainda muito mal, afastando ou expulsando os estrangeiros nas suas cidades; foi o que fez Peno ao tempo de nossos antepassados, e o que Pápio fez ultimamente. Que não se queira dar aos estrangeiros o direito de cidadão, nada mais certo, e temos sobre esse assunto lei expressa feita por dois dos nossos maiores e sábios cônsules, Crasso e Cévola; mas impedir estrangeiros de habitarem a cidade é ferir os direitos da humanidade.

No governo, nada mais belo que saber desprezar uma aparente utilidade para atender ao que se conforma com a probidade. Foi o que foi feito em nossa república em diversas ocasiões, sobretudo na segunda guerra púnica. Depois de perdida a batalha de Canas, Roma mostrou tanta arrogância como nas suas grandes prosperidades; nenhuma manifestação de temor, nenhuma menção de paz. Tal é o império da honestidade que obscurece a aparência de utilidade.

Os atenienses, não podendo conter a invasão dos persas, resolveram abandonar sua cidade, levando mulheres e crianças para Trezena, embarcando em sua frota para defender a liberdade da Grécia. Um certo Cirsilo, que aconselhava ficar na cidade e receber Xerxes, foi apedrejado por eles. Portanto, o que propunha parecia útil, mas nunca seria útil, porque contrário à honestidade.

Temístocles, depois de vitorioso nessa guerra, reuniu o povo e disse que havia concebido um projeto muito vantajoso para o Estado, mas que a coisa não podia ser divulgada. Pediu que indicassem alguém com quem pudesse conferi-la; designou-se Aristides. Temístocles lhe disse que seria fácil incendiar secretamente a frota dos lacedemônios, ancorada no porto de Gítio, arruinando-se, assim, o poder do inimigo. Aristides voltou à assembleia do povo, em que a impaciência era extrema, e disse que a proposição de Temístocles era muito útil, mas não era honesta. Os atenienses, persuadidos de que o que não é honesto não pode ser útil, não quiseram saber das vantagens e rejeitaram a proposição, confiados na palavra de Aristides. Agiram com mais sabedoria que nós, que damos imunidades a piratas e fazemos tributários nossos próprios aliados.

XII

Que acontece se o que é desonesto nunca poderia ser útil, mesmo quando se obtém qualquer vantagem? É já uma desgraça ver como útil o que não é honesto.

Mas eu disse que muitas vezes se apresentam circunstâncias de aparente contrariedade entre o honesto e o útil, nos obrigando a examinar se efetivamente um é contrário ao outro ou se não é possível conciliá-los. Eis alguns exemplos:

Em uma grande fome na Ilha de Rodes, um honesto comerciante aí aportou com grande carregamento de trigo que havia trazido de Alexandria. Ele sabia que muitos outros haviam sido carregados no mesmo lugar e deviam chegar a Rodes pouco depois dele. Devia ele falar ou esconder a circunstância para melhor vender seu trigo? Eu o suponho honesto e quase dizendo aos de Rodes tudo o que sabia se achasse ser desonesto esconder; mas ele duvida se será vergonha ou não. Sobre isso, Diógenes da Babilônia, célebre e grande estoico, pensa de uma forma, e Antipater, seu discípulo, homem de muito espírito, de outra.

Antipater acha que tudo que o vendedor sabe não deve ser escondido do comprador; Diógenes pensa que o vendedor tem de obedecer ao direito civil, declarando os defeitos da mercadoria e não usando de fraude, mas que, de resto, como se trata de vender, lhe é permitido vender o que possa. "Eu trago minha mercadoria; eu a exponho à venda, se eu não a vendo mais cara que os outros, venderia por menos se há abundância. A quem faço perder?" "Qual!" — diz Antipater —, "não devemos sonhar com o bem comum e servir à sociedade humana? Não foi para isso que nascemos? Pelos princípios naturais que temos, que devemos seguir e aos quais devemos obedecer, nós não concluímos que como nossa utilidade é a de todo o mundo, a utilidade de todo o mundo é também a nossa? Como podemos então ocultar aos rodeanos o trigo que está para chegar?".

Mas responderá, certamente, Diógenes, "há diferença entre ocultar e calar. Não falei nem que a natureza dos deuses nem que o bem supremo são coisas cujo conhecimento é mais vantajoso que saber da existência do trigo que está para vir; dir-se-á que eu os ocultei? Não sou assim obrigado a dizer tudo o que seria útil saber". "Calar" — ao contrário, replicaria Antipater — "é menos que esquecer a associação que a natureza formou entre os homens". "Eu não a esqueço" — disse Diógenes —, "mas essa associação exige que não se tenha nada de si? Se assim é, não é permitido vender, mas somente dar".

XIII

Veja-se que, em tal disputa, ninguém disse: "ainda que do que se trata seja desonesto, eu faria, porque me é útil". Mas, se entendo que ela é útil, sem ser vergonhosa, e outrem quer me impedir de fazer, é porque ele a julga desonesta.

Um homem honesto tem uma casa de que quer se desfazer porque tem defeitos conhecidos só por ele. Essa casa é malsã e a creem salubre; aparecem víboras em todos os quartos; a carpintaria é má e ameaça ruína: mas só o dono sabe. Ele a vende sem qualquer advertência a quem a compra e obtém melhor preço do que esperava. Não é uma má ação? "Sem dúvida" — diz Antipater —, "qual a diferença, com efeito, entre não mostrar o caminho àquele que se desgarra, coisa que os atenienses julgam indigna, e deixar o comprador cair ou se atirar na armadilha? É pior ainda que não mostrar o caminho, induzir conscientemente, alguém em erro".

— Mas — brada Diógenes — "quem vendeu essa casa foi forçado a comprá-la? Alguém mesmo lhe solicitou que comprasse? Quem a pôs à venda foi porque não lhe agradava e quem comprou foi porque lhe aprouve".

"Se alguém anuncia: '*casa de campo bela e bem batida de sol*', não se trata de enganar, mesmo que ela não seja nem uma coisa nem outra. Aquele que gabar sua casa é assim bem menos culpável. Quando o comprador, antes de decidir, podia tomar conhecimento, onde há fraude do vendedor? Não se é responsável por tudo o que se diz e querem que o seja pelo que não se disse? Pretender que se deva descobrir os defeitos de sua mercadoria, nada mais ridículo. Imagine-se gritar publicamente '*casa malsã para vender*'!?"

Assim, em certos negócios duvidosos, sustentam de um lado os partidários da honestidade, de outro, os da utilidade, mas sempre pretendendo que a honestidade não a proíbe de acompanhar, até permite, e mesmo seria vergonhoso se não a acompanhasse. É preciso que me pronuncie sobre o assunto, porque foi para resolvê-lo que o propus e não para deixá-lo indeciso. Digo então que nem o vendedor de trigo nem o vendedor da casa deviam ocultar o estado da coisa aos compradores. Sem dúvida que não é ocultar uma coisa calar sobre ela; mas se se oculta aquilo que se trata de impingir a quem tem interesse é que se esconde por vantagem própria. Ora, quem não vê que quem oculta em tal circunstância do que seria capaz? Não são seguramente pessoas francas, corretas e sem artifícios, equitativas, em uma palavra, pessoas de bem, mas pessoas falsas, dissimuladas, astutas, enganadoras, más, artificiosas. É por acaso útil merecer tais nomes, exprimindo vícios tão odiosos?

XIV

Se aqueles que ocultam devem sofrer vitupérios, que se deve pensar dos que empregam a mentira e a dissimulação?

Caio Cânio, cavalheiro romano, homem de espírito, a quem não faltava instrução, vindo a Siracusa, não para negócio, mas para devanear, como ele mesmo dizia, afirmava que teria muita satisfação de comprar uma casa agradável próxima da cidade para vir aí algumas vezes divertir-se com os amigos e receber visitas. Esse desejo chegou aos ouvidos de um certo Pítio, que tinha um banco em Siracusa. Disse a Cânio que tinha uma, a qual em verdade não era para vender, mas que lhe oferecia para usá-la como se sua fosse, convidando-o para o jantar no dia seguinte. Cânio prometeu ir, e o outro, que na sua qualidade de banqueiro tinha crédito junto a todas as profissões, fez virem pescadores, encarregando-os de pescar no dia seguinte defronte à sua casa, dando-lhes detalhes dessas suas ordens.

Cânio não faltou à entrevista. Encontrou magnífico festim e o mar coberto de barcos; os pescadores, uns após outros, vinham atirar aos pés de Pítio os peixes que pescavam. Cânio, surpreso com o que via:

"o quê!" — disse a Pítio —, "aqui há tanto peixe e se veem tantos barcos?".

"Sim" — disse Pítio —, "não há senão um lugar perto de Siracusa onde se encontre peixe, é aqui que os pescadores vêm buscar água; esses homens não poderiam passar sem essa casa". Eis Cânio encantado com a propriedade; obrigou Pítio a vendê-la. Pítio se fez de rogado; afinal consentiu. Cânio, homem rico, que tanto desejava a casa, deu tudo o que Pítio quis e comprou-a toda mobiliada. Fez-se o contrato; o negócio foi concluído. Cânio pediu a seus amigos que aí viessem no dia seguinte, e aí todos estiveram, mas não viram nem pescadores nem barcos. Perguntaram ao vizinho se era dia feriado dos pescadores. "Não que eu saiba" — respondeu o vizinho. "Aqui nunca se pesca e eu não sei o que foi aquilo ontem." Cânio ficou encolerizado. Mas que fazer?

Caio Aquílio, meu amigo e colega, não tinha ainda estabelecido fórmulas para atos fraudulentos. Assim responderia a questão: que é ato fraudulento? "É" — diria ele — "um ato que tem mais aparência que realidade". É uma definição perfeita, de um homem que sabe definir. Pítio, e todos os que a ele se assemelham, quer dizer, todos os que dissimulam, são maliciosos, injustos e pérfidos; em consequência, nenhum ato dessa natureza pode ser útil, pois é infestado de todos os vícios.

XV

Se a definição de Aquílio é justa, nunca devemos enganar ou dissimular. Um homem de bem nunca faria tais transgressões, nem para vender mais caro nem para comprar por melhor preço. Essa espécie de fraude é mesmo reprimida pela lei, como se vê na Lei das Doze Tábuas sobre tutela e na Lei Pletória sobre a fraude contra menores; e, mesmo sem as leis, ela é prevista nos contratos, onde comumente são inscritas as palavras "de boa-fé", bem como em todos os atos onde dominam formas solenes, como nas convenções matrimoniais, "em todo o bem e justiça"; e nos fideicomissos, "como se trata entre gente honesta". Ora, há lugar para fraude num ato que começa "em todo o bem e justiça", e se permitiria alguma coisa de injusto e falacioso com a fórmula "como se trata entre gente honesta"? Porque a fraude consiste em mentir e dissimular, segundo a definição de Aquílio, que sejam banidas a fraude e a mentira de todas as transações. Que tanto o que vende como o que compra não formem ciladas para enriquecer, e se estabelecerem conversas, que cada um de seu lado tenha uma só palavra.

Quinto Cévola, filho de Públio, tendo pedido que lhe dessem o justo preço de uma terra que queria comprar, e o vendedor tendo dito, Cévola retrucou que a terra valia mais e lhe deu 6 mil sestércios a mais. Ninguém nega que essa ação seja de um homem honesto, mas pretendem afirmar que não é de um homem sábio, e é como se tivesse vendido o que era seu por menor preço. Eis porque tudo se perde, e por fazer diferença entre a sabedoria e a probidade. Daí a palavra de Ênio: "a sabedoria é vã quando dela não se tira qualquer utilidade". Eu o diria com muito gosto se estivéssemos de acordo sobre a significação do termo *utilidade*.

Hécato de Rodes, discípulo de Panécio, disse no seu livro *Dos deveres*, endereçado a Quinto Tuberão, que em verdade um homem honesto e um homem sábio nada devem fazer contra as leis do país e os costumes do povo, quanto ao resto, devem tratar de melhorar sua fortuna. Com efeito, todos devemos desejar enriquecer, não somente por nós como por nossos filhos, nossos amigos e até pela república; as riquezas particulares são a riqueza do Estado. Hécato não teria aprovado o trecho de Cévola que acabei de citar, pois declara que não há nada que se faça senão por interesse, salvo o que é proibido pelas leis. Não lhe devemos, por isso, grandes elogios nem grande reconhecimento.

Mas convenhamos que, se toda a mentira, toda a dissimulação, é ato fraudulento, haveria na vida poucas ações isentas de fraude: e se o homem honesto é o que faz bem a todo mundo, quando pode, e que nunca faz mal a ninguém, nunca encontramos uma perfeição de homem honesto.

Conclui-se que nunca é útil fazer mal, pois isso é sempre vergonhoso, e que é sempre útil ser homem de bem, pois isso é honesto.

XVI

Nosso direito civil quer que quem vende um imóvel advirta o comprador de todos os vícios que são de seu conhecimento. Pela Lei das Doze

Tábuas, o vendedor só garantia o que declarasse formalmente, e, quando não tivesse dito a verdade, era condenado a penas em dobro; mas os jurisconsultos estabeleceram penas contra os que não se prevenissem dos defeitos do que vendiam, e os tornavam fiadores.

Eis um exemplo. Os áugures, tendo de exercer suas funções sobre o capitólio, ordenaram a demolição de uma casa situada sobre o Monte Celius, pois sua altura era obstáculo para eles. Logo, Tibério Cláudio Centumalo, a quem ela pertencia, a pôs à venda, e Públio Calpurnio Lanário comprou-a. Os meirinhos o notificaram também. Obedeceu, mas soube que a casa tinha sido posta à venda depois da ordem recebida de demolir. Tentou ação contra Cláudio para que ele o indenizasse.

A causa foi julgada por Marco Catão, pai do nosso ilustre Catão — porque em lugar de se reconhecer os outros por seus pais, é pelo filho que se designa quem pôs no mundo essa centelha de nossos dias. A sentença de Catão concluiu que o vendedor, tendo ocultado o defeito, não advertindo o comprador, lhe devia indenização. Estatuiu ainda que era de boa-fé que o vício conhecido do vendedor o fosse também do comprador. Ora, se assim é julgar bem, sem dúvida nem o negociante do trigo nem o vendedor da casa malsã deviam esconder o que sabiam. A lei não poderia prever todas as reticências dessa natureza; mas existe justamente por todas aquelas que foram previstas.

Marco Mário Gratidiano, nosso parente, vendeu a Caio Sérgio Orata uma casa que dele havia comprado alguns anos antes e sobre a qual Sérgio tinha instituído uma servidão. Mário não disse isso ao vendê-la e o negócio foi levado à justiça. Crasso sustentava a causa de Sérgio e Antônio, a de Mário. Crasso insistia nos termos da lei, que entende que o vendedor seja fiador dos vícios de que não advertiu, desde que dele fossem conhecidos. Antônio alegava a equidade segundo a qual, vendendo a casa a uma pessoa que tinha sido dona dela, e que conhecia, em consequência, a servidão, não era obrigado a advertir. Sérgio não podia se queixar de ter sido enganado, pois conhecia todos os encargos.

Eu lembro tais exemplos para mostrar até que ponto a astúcia agradava aos nossos ancestrais.

XVII

Os filósofos se opõem à astúcia de maneira diferente das leis. As leis não saberiam agir senão quando é palpável, mas os filósofos penetram até o fundo da alma. Ora, a razão proíbe fazer qualquer coisa que seja fraude ou artifício. Mas, dir-se-á, onde está o mal quando não se apanhou ninguém na armadilha que se preparou? E então! A caça não cai algumas vezes no laço? Quando se põe um anúncio em uma casa de que se quer livrar por causa dos defeitos, sem qualquer advertência, eis a armadilha, e alguém a comprará sem saber o que compra.

Sei muito bem até em qual ponto a depravação dos homens põe as coisas, mas isso é sempre uma má ação não punida pelas leis e pelo direito civil; mas a moral, lei da natureza, a proíbe. Repito ainda o que já disse algumas vezes: há entre os homens uma sociedade que os compreende a todos e os une. Há mesmo um elo íntimo entre os que são de uma mesma nação, mais estreito quando são da mesma cidade.

Por isso nossos antepassados fizeram diferença entre o direito das gentes e o direito civil. Tudo o que é de direito civil não o é, por isso, do direito das gentes; mas tudo o que é do direito das gentes deve ser considerado de direito civil. O nosso direito civil não é senão sombra do verdadeiro direito e da perfeita justiça; mas peçamos a Deus que ao menos possamos seguir essa sombra, pois que é ela imagem dos princípios da natureza e da verdade!

Como a seguinte fórmula é preciosa: "a fim de que de vós e de vossa fé eu não receba perdas e danos!" E esta outra, não é admirável? "Como se age entre pessoas honestas, e sem nenhuma fraude." Contudo, a maior questão é saber o que seja bem agir e ser pessoa honesta.

Quinto Cévola, o grande pontífice, costumava dizer que todas as sentenças arbitrais em que a cláusula da boa-fé se apresentava tiravam dela uma força maravilhosa; que tal palavra dizia muito e de uso muito extenso, pois era empregada nos principais atos da vida civil, tais como tutelas, associações, mandatos, vendas, compras e locações; que cabia ao juiz determinar exatamente em cada espécie de negócio o que significava essa cláusula, quando, na maior parte dos casos, se tinha tornado contraditória.

É preciso banir do comércio toda espécie de artifício e, sobretudo, essa astúcia que quer se passar por prudência, mas que dela está muito afastada. A prudência, com efeito, consiste no discernimento do bem e do mal, ao passo que essa pretendida habilidade prefere o mal ao bem, sendo verdade que tudo que não é honesto é um mal.

E não é só em relação a imóveis que o direito civil, nascido da lei natural, pune a fraude. Ele não admite nenhuma espécie de engano na venda de escravos, porque, por um édito, o vendedor é responsável se vendeu um escravo que sabia estar doente, ser ladrão e até fujão. Da mesma forma quando os escravos procedem de herança.

É evidente que, sendo a natureza fonte do direito, é contra a natureza abusar da ignorância alheia.

Nada há de mais funesto na sociedade do que essa artificiosa malícia que passa por habilidade e que, na maioria dos casos, suscita oposição do honesto e do útil. Onde estão os homens que se abstêm das injustiças que lhe trazem algum proveito, se pudessem inculcar-se da impunidade?

XVIII

Tomemos para exemplo uma das coisas em que a maioria dos homens pensa não praticar nenhum mal. Não se trata aqui de assassinos, de envenenadores, de falsários, de ladrões, de concussionários; não será pela filosofia que se pune essas espécies de celerados, mas por cadeias e prisões. Vemos então o que fazem os que se chamam pessoas de bem.

Trouxeram da Grécia a Roma um falso testamento de Lúcio Minúcio Basilo, que deixara grande fortuna. Para tirar, mais à vontade, partido da falsificação, aqueles que a forjaram davam como coerdeiros Marco Crasso e Quinto Hortêncio, dois homens que gozavam de mais crédito. Embora duvidassem da veracidade do testamento, como não tinham tomado parte na fraude, não se recusaram a aproveitar-se do crime dos outros. Então seria isso suficiente para que fossem inocentes? Não penso assim, embora eu tenha sido sempre amigo de um enquanto viveu, e a morte do outro tenha extinto minha prevenção por ele.

Basilo teria naturalmente escolhido para seu herdeiro Marco Satrio, filho de sua irmã, aquele que foi protetor de Picene e Sabina, e queria,

142 • DOS DEVERES

pelo testamento, que só lhe trouxesse o nome. Era então justo (de lembrança desabonadora para a época) que cidadãos de primeira plana tivessem todos os bens de Basilo e que Satrio só tivesse o nome? É um erro, como já fiz ver no primeiro livro, não impedir a injustiça e de garantir os seus quando se pode, que dizer de quem, longe de impedir uma injustiça, a favorece? Para mim, acho que não é honesto aproveitar-se de testamentos, mesmo os mais verdadeiros, quando são obtidos por ardis, por adulação, por dissimulação.

Sei bem que em tais casos a maioria julga que, se um dos partidos é mais honesto, o outro é mais útil. Mas se é afronta julgar dessa maneira quando o honesto e o útil são submetidos à mesma regra, e desde que não seja falso esse princípio, não há fraude ou crime de que não se seja capaz. Desde que se diz "é verdade que esta opinião é honesta, mas esta é útil", desde que se separa o que a natureza e a verdade não separam, cai-se no erro que é a fonte de todas as fraudes, de todas as más ações, de todos os crimes.

XIX

Qual o homem de bem que faria estalar seus dedos para insinuar seu nome no testamento dos mais ricos cidadãos, ainda que se assegurasse de que ninguém suspeitaria disso? Mas dai essa faculdade a Marco Crasso e ele dançará de alegria na praça pública. Um homem de bem, um homem justo, não tomaria nada de ninguém para si; e se isso espanta, basta lembrar que se trata de um homem de bem. Mas quem quiser ver claramente na sua alma compreenderá que homem de bem é aquele que presta serviços sempre que pode e que nunca faz mal, a menos que tenha sido injuriado. E não é fazer mal substituir-se por qualquer sortilégio aos legítimos herdeiros?

Deverá ele abster-se do que lhe é útil e vantajoso? Não, mas ele compreenderá que o que é injusto nunca é útil. Sem tal princípio, não há homem honesto.

Lembro-me de ter ouvido meu pai dizer, em minha infância, que Fímbria, homem consular, foi escolhido para julgar Marco Lutácio Pintia, cavalheiro romano e muito honrado, mas que resolveu provar perante a justiça que era um homem de bem; Fímbria declarou que ele nunca sentenciaria nessa causa, pois, se decidisse contra ele, faria com que perdesse a reputação de homem de bem, e, se julgasse a seu favor, estabeleceria que existe homem honesto perfeito quando tal qualidade encerra tantos deveres e méritos.

Ora, um homem de bem, de que Fímbria tinha a mesma ideia que Sócrates, nunca encontraria utilidade no que não fosse honesto; e nunca chegaria a vez de nada fazer, ou mesmo de pensar, que não pudesse dar a conhecer a todo mundo. Não é vergonhoso que filósofos duvidem de coisa de que não duvidam as pessoas mais grosseiras? Testemunha essa maneira de pensar um provérbio empregado há muito tempo pelas pessoas que querem louvar a probidade e a fidelidade de alguém: "pode-se jogar com ele no escuro". Isso não diz claramente que nada é útil sem a honestidade e tão fácil que possa ser bem-sucedido? Logo, basta esse provérbio para usar o processo de Giges e para quem pudesse, como suponho, se insinuar, por um estalar de dedos, em todos os testamentos. Uma coisa vergonhosa, ainda que não seja divulgada, não pode, de qualquer forma, tornar-se honesta, assim como nada pode fazer com que o que não é honesto possa ser útil, e à natureza isso repugna, ela se opõe.

XX

Mas, dir-se-á, "quando se trata de um grande interesse, não se pode afastar um pouco do dever?" Caio Mário se via muito longe do consulado e, sete anos depois de exercer a pretoria, nunca poderia sonhar com pedir essa dignidade. Acontece que Quinto Metelo, um dos grandes e mais ilustres homens da república, de quem era tenente, o enviou a Roma para alguns negócios; aí Mário lançou falsos boatos entre o povo, contra seu general, acusando-o de prolongar a guerra, e prometendo, se o povo quisesse fazê-lo cônsul, trazer Jugurta vivo ou morto ao povo romano.

Sem dúvida, assim chegou ao consulado, mas foi em detrimento da justiça e da boa-fé, caluniando um homem íntegro, um excelente cidadão, de quem era legado e que lhe confiara uma missão.

Gratidiano, nosso parente, sendo pretor, praticou também uma ação que não era de um homem honesto. Os pretores e os tribunos tinham se reunido em assembleia para fazer, de comum acordo, um regulamento estabilizando a moeda, cujo valor mudava a todo instante nessa época, de maneira que ninguém sabia qual era sua fortuna. O edito estabelecia uma pena para os contraventores; entre eles convencionaram voltar todos depois de meio-dia em conjunto, para dar conhecimento ao povo; assim se separaram e cada um tomou o seu rumo. Gratidiano correu direito à tribuna e, sozinho, leu ao povo o que se tinha feito em comum. Isso lhe valeu as maiores honras; elevaram sua estátua nas ruas, diante delas queimavam círios e incenso; enfim, nunca ninguém esteve assim nas boas graças do povo. Eis como se chega algumas vezes em que se deixa perturbar em suas deliberações, quando se vê de um lado grande vantagem e, de outro, ligeira injustiça.

Gratidiano achou que era pouca coisa roubar de seus colegas e tribunos o favor do povo, ao passo que era grande vantagem para ele aproveitar essa ocasião para chegar ao consulado, fim de sua ambição. Mas para todos os casos há uma regra única, que eu desejo que meu filho retenha: prestar atenção se o que parecer útil não é contrário à honestidade.

Podemos então admitir que Mário e Gratidiano tenham sido pessoas honestas? Consulte seriamente sua razão e veja o retrato que ela faz, que imagem ela dá do homem verdadeiramente honesto. É de um homem de bem mentir por interesse, caluniar, enganar, roubando dos outros o que lhes pertence? Não, nada que seja assim. Que utilidade, que vantagem se pode desejar ao ponto de sacrificar, para o futuro, o esplendor e o nome de um homem honesto? Que poderá suprir a pretendida utilidade que possa compensar a perda da justiça e da probidade? Que diferença há entre ser transformado em fera ou encerrar na figura humana toda a ferocidade?

XXI

Quem não tem consideração, quer pela justiça, quer pela honestidade, logo que obtém poderes não faz como aquele que quis ser genro de um homem cuja audácia o podia fazer mais poderoso?[42] Parecia-lhe útil

---

42. Pompeu, que se casara com uma filha de César. (N.T.)

engrandecer-se ao passo que outro arcaria com todos os ódios, mas não via a injúria que fazia para sua pátria e quanto tal conduta era perigosa e contrária à honestidade. Para o sogro, ele tinha sempre nos lábios estes versos gregos da tragédia *As fenícias*, que eu não sei traduzir com toda a sua graça, mas o suficiente para fazer entender o sentido:

Pode-se ferir o direito, quando se trata do trono;
Fora disso, a vida pertence ao dever.

Que crime de Etéocles, ou melhor, de Eurípedes, por ter feito exceção precisamente ao maior dos crimes! Por que pois reter-se em todos os pequenos exemplos, sucessões, mercados, vendas fraudulentas? Eis um homem que quis se fazer rei do povo romano e senhor do mundo, e que chegou ao fim. Dir-se-á que esta ambição é honesta? É preciso ter perdido o senso, pois que seria aprovar a extinção das leis e das liberdades públicas e achar gloriosa a mais infame e a mais detestável opressão.

Se alguém disser que, em verdade, não é honesto querer governar uma cidade que foi sempre livre e que devia o ser sempre, mas que é coisa útil para quem o pode fazer, que palavras ou que injúrias empregaria para removê-lo de tal erro? Oh, céus!, poder-se-á achar utilidade no mais atroz de todos os parricídios, a destruição da pátria, ainda mesmo que quem cometeu tal crime exigiu que lhe dessem o nome de pai os que ele havia oprimido? Que nunca ninguém se esqueça de que é só pela honestidade que se mede a utilidade e que não passam de normas diferentes para uma única coisa. Quanto à opinião vulgar, que não imagina nada mais vantajoso que reinar, acho, ao contrário, pesando a coisa pela verdade, que nada de mais funesto do que consegui-lo com injustiça. É tão útil viver noite e dia sem angústias, solicitudes, temores contínuos, do que ver sem cessar sua vida envolta em ciladas, sitiada, em perigo?

O trono está envolto em desleais apoios, disse Ácio. E de que trono ele fala? Do trono hereditário e legítimo de Tântalo e de Penélope. Ah!, quantos inimigos teria o tirano que se serviu dos exércitos do próprio povo romano para o oprimir e que colocou sob seu jugo uma cidade que não só era livre como dirigia o universo! Quantos tormentos do espírito e remorsos na consciência! Enfim, que representa a vida para um homem quando numa arrancada não está seguro de chegar a conquistar o favor e a glória? Verdade é que a coisa que parecia muito útil nunca o seja desde que traz vergonha e infâmia; reconheçamos que o que não é honesto nunca será útil.

XXII

Foi assim que nossos antepassados, em uma infinidade de ocasiões, o cônsul Caio Fabrício e o senado nos deixaram grande exemplo dessa verdade na guerra contra Pirro. Pirro era o agressor e se combatia pelo império com esse rei tão bravo quanto poderoso. Um trânsfuga vem de seu campo para o de Fabrício e promete, se lhe assegurarem uma recompensa, voltar ao campo do rei e envenená-lo. Fabrício o fez reconduzir-se a Pirro, e essa ação foi louvada pelo senado.

Se só se visse a aparência de utilidade, poderia haver algo de mais útil que desembaraçar-se, de um só golpe, de uma guerra formidável e de um poderoso inimigo por meio de um trânsfuga? Mas que vergonha, em uma guerra onde se procurava a glória, desfazer-se de seu inimigo por um crime em lugar de triunfar pela coragem!

Qual assim o que foi mais útil, a Fabrício, que foi entre nós o que Aristides foi para os atenienses, ou o senado, que nunca separou a honra da utilidade, se admitisse o emprego contra o inimigo de veneno e não de armas?

Se na supremacia se procura a glória, que se abstenha de crimes, incompatíveis com a glória. Se é o poder a qualquer preço que se quer, com a infâmia ele não será um bem.

Nada havia de útil no conselho que Lúcio Felipe, o filho de Quinto, deu, de tornar de novo tributárias as cidades que Sula tinha resgatado pelo dinheiro, em virtude de um decreto, não devolvendo as somas que elas tinham dado para sua emancipação. Esse conselho foi seguido, mas foi a vergonha da república; pode-se dizer que depois disso o senado gozava de menos consideração que os piratas. Mas, dir-se-á, os lucros da república aumentaram, logo, isso foi útil. Até quando se ousara dizer que há atos úteis quando são desonestos? Um Estado que deve sustentar-se pela sua própria glória e pela afeição a seus aliados pode achar útil o que o faz infame e odiento?

Por isso, não estou sempre de acordo com Catão. Parece-me pôr muito apuro na defesa do tesouro e dos impostos; não quiseram nunca fazer qualquer remissão de dívida dos camponeses nem conceder qualquer graça aos aliados; quando devemos ser generosos com estes e usar com os outros o mesmo que fazemos com os nossos rendeiros. Nós devíamos até fazer mais que isso, pois da união dessas duas ordens depende a ordem da república.

Curião tinha errado também na causa dos transpadanos quando entendia que essa causa era justa declarando: "o que importa é a autoridade". Seria melhor dizer que seu pedido não era justo, pois era contrário aos interesses da república, quer dizer, que era útil quando reconhecia que não era justa.

XXIII

Hécato, no sexto livro *dos Deveres*, apresenta grande número de casos no gênero dos que se seguem. Faz as seguintes perguntas: em uma extrema carestia, um homem de bem deve fornecer víveres a seus escravos? E, depois de ter pesado os prós e os contras, conclui que a utilidade deve prevalecer sobre a humanidade. Pergunta ainda se, numa tempestade, sendo preciso descarregar o navio, deve-se jogar ao mar um cavalo de alto preço ou um escravo de nenhum valor. O interesse pende de um lado e o sentimento humanitário, de outro. Em um naufrágio, se um louco se agarra a uma tábua, o sábio dele a arrancaria para salvar-se? Não, diz Hécato, porque isso seria injusto. Mas o mestre do barco o poderia, desde que a tábua lhe pertencesse? Então ele também teria direito de jogar ao mar qualquer passageiro sobre pretexto de que o barco lhe pertence. Com efeito, até chegar ao seu destino, o barco não pertence ao mestre, mas aos passageiros.

Se dois sábios, em um naufrágio, se agarram à mesma tábua, um deve afastar o outro ou devem cedê-la mutuamente? Aquele que tem menos interesse em viver, ou cuja vida é menos útil à república, deve ceder a tábua; mas, se há igualdade entre eles, sem qualquer dúvida, o remédio é decidir pela sorte.

148 · DOS DEVERES

Uma pessoa que sabe que seu pai rouba os templos ou faz um subterrâneo para roubar o tesouro público o denunciará aos magistrados? Não, sem dúvida; até defenderá seu pai se ele for acusado. Mas, dir-se-á, o que se deve à pátria não está acima de outros deveres? Nada de mais verdadeiro; mas é do interesse da pátria que os cidadãos não ultrajem o dever filial. Mas se o pai deseja a tirania, se ele quer trair a pátria, o filho guardará silêncio? Não; ele deve, para desviar seu pai de tal crime, usar de todos os recursos, preces, súplicas, reprimendas e até ameaças, e, se nada consegue, se vê que a perda do Estado está iminente, deve preferir salvar sua pátria.

Hécato pergunta ainda se o sábio que, descuidadamente, recebe uma moeda falsa por boa deve dá-la em pagamento a seus credores. Diógenes diz que sim, mas Antipater diz que não, e eu estou com este. Uma pessoa vende vinho azedo; deve prevenir o comprador? Diógenes pensa que não é necessário, Antipater sustenta que é dever do homem honesto. Eis quais são, por assim dizer, as questões de direito debatidas no tribunal dos estoicos. Quando se vende um escravo, deve-se denunciar seus defeitos? Já não falo daqueles que são condenados a reprimendas, mas dos que são mentirosos, jogadores, ladrões e bêbados. Um diz que se deve denunciar; outro, que a isso não se é obrigado. Uma pessoa vende uma barra de ouro que pensa ser de cobre; aquele que a compra deve adverti-lo ou pode comprar por um o que vale mil? Vê-se por aí qual o modo de pensar desses dois filósofos e se poderá ver, certamente, qual o meu.

XXIV

É obrigação executar as convenções e promessas quando não houve dolo nem violência, como dizem os pretores? Alguém, por exemplo, que tenha dado remédio a um hidrópico, fazendo-o prometer que só se servirá dele uma vez. O remédio curou, mas, no fim de alguns anos, o mal voltou. Se quem deu o remédio persiste em não querer ministrá-lo de novo, que se pode fazer contra a sua vontade? É desumano o não querer, e que isso não sendo feito como por afronta a ninguém, o doente deverá cuidar-se no interesse de sua vida e de sua saúde.

Um sábio seria instituído herdeiro, só podendo receber a herança se dançasse em pleno dia na praça pública. Ele prometeu e, sem isso, o testador não o teria instituído herdeiro. Deve ele manter ou não sua promessa? Por mim, ele nunca deveria prometer tal coisa, e creio que seria melhor para a sua compostura; mas, como prometeu, seria melhor renunciar à herança se tivesse vergonha de manter sua palavra, a menos que quisesse consagrar essa herança para tirar sua pátria de aperturas financeiras, porquanto, nesse caso, ele poderia, sem constrangimento, dançar em plena praça pública.

XXV

Não se deve manter promessas cuja execução seria prejudicial àquele que a fez. O Sol (lembrando a fábula) tinha prometido a seu filho Fáeton lhe dar o que pedisse. Fáeton desejou subir na carruagem de seu pai; subiu, mas, no mesmo instante, foi ferido por um raio. Não seria melhor para ele se seu pai não tivesse mantido a promessa?

O mesmo não podemos dizer daquilo que Teseu reclamou de Netuno? O deus lhe prometeu atender a três desejos. Teseu pediu a morte de seu filho Hipólito, que ele suspeitava ter ilícitas relações com a madrasta; mas quantas lágrimas lhe custou por ter obtido o que desejava!

Que diremos de Agamenon? Fez solenemente o voto de imolar a Diana o que nascesse de mais lindo naquele ano; e nada nascendo de mais lindo que sua filha Ifigênia, ele a sacrificou. Não seria melhor faltar à sua promessa que praticar tão horrível ato?

Há então casos em que não se deve fazer o que se prometeu; como há casos em que não se deve devolver o que se recebeu em depósito. Se um homem, por exemplo, lhe confiou sua espada no tempo em que era todo bom senso, se a reclama numa crise de loucura, você a devolveria? Seu dever era não assim proceder. Se um homem que lhe confiou um depósito em dinheiro vem a declarar guerra ao Estado, você devolveria esse depósito? Não, sem dúvida, pois o interesse do Estado deve prevalecer, e nada lhe pode ser mais caro que esse interesse.

Assim é que coisas que parecem honestas por si mesmas mudam de caráter conforme as circunstâncias. Manter uma promessa, observar uma condição, devolver um depósito, são tantos atos que, embora honestos, podem ser praticados com outra utilidade. Eu já disse o suficiente, creio, sobre coisas que uma falsa prudência quisera tornar úteis, embora contrárias à justiça.

Como no livro Primeiro, fizemos derivar nossos diferentes deveres das quatro fontes da probidade, não será nos afastarmos do assunto fazer ver essas espécies de coisas nas quais o vulgar encontra utilidade, embora só tenham aparências e sejam contrárias à virtude. Resta-nos, assim, duas fontes de probidade, uma é a força da grandeza d'alma, e a outra, a moderação ou temperança.

XXVI

Se acreditarmos nos poetas trágicos, parecia útil a Ulisses fingir loucura para eximir-se de ir ao cerco de Tróia; Homero, que é a maior autoridade, nada disse de semelhante suspeita. Qualquer que tenha sido, uma tal resolução não é, de forma alguma, honesta. Mas, dir-se-á, quem sabe poderia ser útil a Ulisses ficar em Ítaca, aí reinar, e levar vida tranquila com seus pais, sua mulher e seus filhos; que glória oferecem os trabalhos e os perigos cotidianos da guerra comparável a uma tal tranquilidade? Quanto a mim, entendo que tal tranquilidade só merece desprezo; pois, desde que deixou de ser honesta, não me parece que seja útil. Que se teria dito de Ulisses se ele não tivesse persistido em contradizer o insensato, mesmo ouvindo, depois das grandes ações guerreiras, Ajax lhe dizer:

Negligenciou, depois de ser o primeiro a estimular,
Fingindo que os deuses turbaram sua razão;
Na hora da partida se fecha em sua casa.
Se o astuto Palamede, descobrindo o artifício,
Não tivesse revelado aos olhos de todos sua malícia,
Ele trairia ainda a Grécia e sua fé.

Isso valeu para Ulisses não só combater o inimigo, mas se expor, como fez, à cólera das ondas, a abandonar a Grécia conjurada contra os bárbaros. Mas deixemos as fábulas e os fatos estranhos; vamos aos fatos verdadeiros e a nossa história. Marco Atílio Régulo, pela segunda vez cônsul, foi preso na África numa emboscada pelo lacedemônio Xantipo, comandado de Amílcar, pai de Aníbal; os inimigos o enviaram ao senado para obter a troca de alguns prisioneiros de escol, e o fizeram prometer sob juramento voltar a Cartago se malograsse. Chegando a Roma, uma oportunidade de aparente utilidade se lhe ofereceu; e pelo acontecimento lhe pareceu útil julgar assim: só lhe restaria ficar em sua pátria e viver tranquilamente com sua mulher e seus filhos, vendo sua desgraça como efeito ordinário da sorte das armas e continuando a gozar da dignidade de um cônsul. Quem pode negar que isso lhe seria útil? Quem? A força e a grandeza d'alma.

XXVII

Pode-se admitir mais majestosa autoridade? São essas virtudes que ensinam os homens a nada temer, a desprezar as coisas humanas, a suportar tudo que possa chegar a ser intolerável.

Que fez Régulo? Veio ao senado, expôs sua missão, se escusou de dar o seu conselho, dizendo que, já que ele estava ligado ao inimigo pelo juramento, já não era senador. Mas ainda (ó insensato inimigo de seu próprio interesse), demonstrou que não convinha à república devolver os prisioneiros, homens jovens, bons capitães, ao passo que sua idade já o punha fora do serviço. Seu conselho prevaleceu, os prisioneiros foram conservados e ele voltou a Cartago, sem que o amor à sua pátria e aos que lhe eram caros fossem capazes de o reter. Contudo, ele não ignorava que ia entregar-se a um inimigo cruel e aos mais esquisitos suplícios. Mais feliz na agonia de suas vigílias dolorosas que envelhecendo em sua casa prisioneiro do direito e consular perjuro.

Mas agiu como insensato, dirão; qual!, em lugar de insistir para que se resgatassem os prisioneiros, ele mesmo aconselhou que não se fizesse o resgate. Insensato, dizeis; mas como? Aconselhando o que era útil à sua pátria? Um bom cidadão pode julgar útil para si o que não é útil à pátria?

XXVIII

É transtornar os fundamentos da natureza distinguir o honesto do útil. Um pendor natural nos leva para o que nos é útil e nós não saberíamos como impedir. Ninguém rejeita o que lhe é útil, e mesmo o procura ardorosamente. Mas só o encontraríamos no que é honesto, decente e glorioso, vendo a honra, a glória e a probidade como os primeiros dos maiores bens, quando o útil nos parecerá mais necessário que esplêndido.

Mas, antes de tudo, dirão, que há no juramento? Temeremos, se o quebrar, a cólera de Júpiter? Como se todos os filósofos e os que sustentam que Deus nada faz e nada exige, mesmo os que creem que ele está sempre em ação, não concordem que ele nunca se irrita nem faz mal a ninguém. Na pior situação, a cólera de Júpiter teria feito a Régulo mais mal do que o que ele fez a si mesmo? A religião do juramento nada podia se ele tomasse um partido tão útil. Dizer que ele estaria coberto de infâmia? Dos dois males ele devia escolher o menor. Haveria tanto mal nessa infâmia como nos suplícios que sofreu? Contudo, não poderia ele responder como Ácio:

Perjuro! Eu!
O pérfido nunca teve, nem terá, minha fidelidade.

Essa resposta, dada por um rei ímpio, não deixa de ter sua verdade. Acrescente-se, como afirmamos, que há coisas que parecem úteis sem o serem, e outras que parecem honestas estando longe disso. Assim, ainda que pareça honesto entregar-se ao inimigo e expor-se aos tormentos mais cruéis para cumprir seu juramento, a honestidade exige isso de nós quando o juramento é extorquido pela força. Diz-se que tudo que é muito útil torna-se, por isso mesmo, honesto, ainda mesmo que ele assim não pareça antes. Eis aí quase todas as objeções feitas contra Régulo. Examinaremos as primeiras.

XXIX

Diz-se que Régulo não devia temer a cólera de Júpiter, incapaz de fazer mal. Em primeiro lugar, isso não é argumento contra o juramento de

Régulo nem contra qualquer outro. O que se deve considerar num juramento é seu valor e não o temor do castigo. O juramento é uma afirmação religiosa. Ora, o que se afirma dessa maneira, tomando Deus por testemunha, é preciso sustentar, não pelo temor da cólera celeste, que não existe, mas pelo respeito à justiça e à boa-fé. Ennius tinha razão de invocar:

"Deusa de asas de ouro, filha de Júpiter,
Fé sublime!"

Assim, quem quebra seu juramento viola a fé, essa fé que nossos pais, como Catão lembra em uma das suas arengas, colocaram junto ao capitólio, bem perto da estátua de Júpiter. Alega-se que a cólera de Júpiter não teria feito tanto mal a Régulo como o que ele fez a si próprio. Sem dúvida, se não houvesse outro mal senão a dor. Os filósofos sustentam que, longe de ser o maior dos males, não é sequer um mal. Isso não é só confirmado por testemunho vulgar, mas pelo mais sério que podemos desejar, o próprio Régulo. Que testemunho, com efeito, mais irrepreensível que o do primeiro cidadão da república que, antes de faltar ao seu dever, se expõe, voluntariamente, às dores mais cruéis? Diz-se que, de dois males, é preciso escolher o menor, quer dizer, a vergonha à desgraça. Há maior mal que a ignomínia? Se a deformidade do corpo nos horroriza, como estaremos diante da feiura e da depravação da alma! Também vemos que entre os filósofos que trataram desse assunto com mais severidade não hesitam em afirmar que não existe outro mal mais contrário à honestidade; mesmo os que falam com mais indulgência admitem que a ignomínia é o maior de todos os males.

Este verso, "a perfídia nunca esteve onde está minha fé", partiu de um poeta que, fazendo Atreu falar, devia se acomodar ao personagem, se se conclui que a fé dada por alguém que não crê é procurar escusar-se do perjúrio. A própria guerra tem suas leis, e há poucos casos em que não se seja obrigado a respeitar a palavra dada ao inimigo. Por exemplo, todas as vezes que o juramento tenha sido feito de maneira que aquele que o recebeu espera que seja cumprido, deve ser executado. Fora daí não se está obrigado e a ele se poderá faltar sem perjúrio. Assim, sem perjúrio, se poderá deixar de pagar a um pirata o que se havia prometido, mesmo sob juramento, para resgatar sua vida, pois o pirata não está entre os inimigos de guerra; não é o inimigo comum de todos? E, em consequência, para ele não pode haver nem fé nem juramento. Simular um juramento não é perjurar; mas, desde que se jurou, em sã consciência, faltando à palavra, é perjúrio.

"Se minha boca jurou, meu coração, não", disse com razão Eurípedes. Régulo, entretanto, não podia violar os pactos e as convenções que se observam entre inimigos, porque seria perjurar. O trato era feito com um inimigo legítimo, perante o qual o direito da guerra e muitos outros direitos eram aplicáveis. Se não fosse assim, nunca se teria visto o senado, em certas ocasiões, devolver ao inimigo ilustres cidadãos.

XXX

Tito Vetúrio e Espúrio Postúmio, todos os dois cônsules pela segunda vez, foram enviados ao samnitas, porque, depois do desastre da batalha das forcas caudinas, em que nossas legiões tinham sido subjugadas, haviam concluído a paz sem autorização do senado e do povo. Ao mesmo tempo, Tibério Numício e Quinto Mélio, tribunos do povo, que haviam autorizado essa paz, foram mandados também a fim de procurar anular o tratado. Essa resolução foi tomada por conselho de Postúmio, que dela seria vítima. Muitos anos depois, Caio Mancino, tendo também feito a paz com Numância sem ordem do senado, pediu que fosse levado ao inimigo e deu apoio à resolução do senado apresentada ao povo por Lúcio Fúrio e Sexto Atílio. Essa proposição foi aceita, e Mancino, enviado à Numância. Sua conduta foi mais honrosa que a de Quinto Pompeu, que, em circunstância idêntica, pediu perdão e fez ser rejeitada a lei. Para este último, a aparência de utilidade prevaleceu sobre a honestidade, ao passo que, para os primeiros, o honesto prevaleceu sobre a falsa aparência de utilidade.

Mas, dirão, o juramento de Régulo era nulo, porque lhe tinha sido arrancado pela força. Como se a força pudesse alguma cousa sobre um grande coração! Mas, por que trazer o assunto ao senado, dizem ainda, quando não tinha outro conselho a dar senão o de não devolver os prisioneiros? É vituperar naquilo que há de mais belo na sua ação. Ele não quis se ater ao seu julgamento, mas se encarregou da missão para deixar que o senado decidisse, pois, sem a influência de sua autoridade, ele certamente devolveria os prisioneiros.

Régulo podia, então, ficar são e salvo na sua pátria. Mas como acreditava que isso não seria útil à sua pátria, achou honesto avisar o que e como entendia e sofrer as consequências. Alega-se que uma coisa muito útil torna-se honesta, e eu respondo que ela já é honesta, e, por isso, não se torna honesta; com efeito, uma coisa já honesta não precisa ser útil, mas não é útil por ser honesta. Assim, entre muitos exemplos admiráveis, não sei de nenhum mais digno de elogios que o de Régulo.

XXXI

Na conduta desse grande homem, não sei se há coisa mais bela e mais admirável que ter aconselhado a não devolver os prisioneiros. Porque, por ter voltado a Cartago, isso hoje nos parece admirável; e isso na época não se podia dispensar, e é a época em que se deve louvar, e não o homem. Com efeito, nossos antepassados sempre viram o juramento como o mais inviolável de todos os empenhos, e o que nos indicam a Lei das Doze Tábuas, as leis sagradas, a religiosa exatidão com que eram observados os tratados feitos com o inimigo, por fim, a nota de infâmia e as penas infringidas pelos censores, que puniam tão rigorosamente as infrações do juramento.

Lúcio Manlio, filho de Aulo, nomeado ditador, exerceu esse encargo além do tempo que lhe tinha sido dado. Marco Pompônio, tribuno do povo, lhe intentou uma ação, ao mesmo tempo que o acusava de tratar duramente Tito, seu filho, depois cognominado Torquato, que ele tinha banido para o campo, longe do comércio dos homens. Sabendo do processo que moviam contra seu pai, o jovem Tito veio a Roma, apresentou-se ao despontar do dia na casa de Pompônio, que ainda se encontrava no leito, e pediu para lhe falar. Pompônio, pensando que Tito, irritado contra seu pai, viesse trazer seus queixumes, levantou-se depressa, fez todo mundo se retirar e ordenou que se introduzisse o jovem. Então, Tito, desembainhando sua espada, jurou que mataria o tribuno se ele não lhe fizesse o juramento de retirar a acusação.

Pompônio, tomado de medo, pronuncia o juramento e vai fazer seu relatório ao povo, instruindo-o da necessidade que o constrangia a abandonar suas pesquisas; tanto se põe a religião para observar o juramento!

Esse Tito Manlius é o mesmo que, provocado por um gaulês, perto de Aniene, o matou e roubou seu colar que lhe valeu um sobrenome. Foi ele que, sendo cônsul pela terceira vez, provocou os sabinos perto de Veseris. Foi um dos nossos grandes homens, mas tanto ele foi brando com seu pai como foi impiedosamente severo para com o filho.

XXXII

Mas, ao passo que Régulo adquiriu glória ficando fiel ao juramento, os dez prisioneiros que Aníbal, depois da batalha de Canas, enviou ao senado para negociar uma troca cobriram-se de vergonha, se é verdade que juraram voltar ao campo caso sua missão fracassasse, o que aconteceu. Sobre isso os historiadores não estão de acordo. Pólibo, um dos melhores, disse que desses dez romanos, a elite dos prisioneiros, enviados por Aníbal, nove voltaram porque o senado recusou a troca, e o décimo ficou em Roma; pretendia desligar-se de seu juramento, porque, depois de ter saído do campo, aí voltou sobre pretexto de ter se esquecido de qualquer cousa. Pretensão injusta, por isso que a fraude, longe de nos desligar de nossos juramentos, não faz mais que comprimir os laços. Ele tinha recorrido a um grosseiro estratagema, a uma idiota imitação de prudência; assim, esse habilidoso homem, por ordem do senado, foi preso e reconduzido a Aníbal. Mas eis qualquer coisa de mais admirável. Aníbal fez prisioneiros 8 mil romanos, não que os tivesse apanhado no campo de batalha ou que o medo da morte os tivesse posto em fuga; mas os cônsules Paulo e Varro os abandonaram no campo. Entretanto, ainda que se pudesse resgatá-los por baixo preço, o senado não consentiu nisso, querendo imprimir no coração de nossos soldados a máxima: vencer ou morrer. E Pólibo acrescenta que Aníbal, diante disso, sentiu abater-se sua coragem, vendo o povo romano conservar tal grandeza d'alma no meio dos maiores desastres. É assim que a honestidade ofusca tudo que tem aparência de utilidade.

Caio Acílio, que escreveu essa história em grego, disse que, entre esses dez prisioneiros, houve alguns que usaram da mesma sutileza e voltaram ao campo, crendo assim iludir seu juramento, mas que todos foram marcados de infâmia pelos censores. É o bastante sobre isso; porque é claro que toda a ação inspirada por temor e baixeza de coração, como teria sido a de Régulo se, opinando sobre a troca de prisioneiros, tivesse consultado seu interesse e não o da república, ou se, ao invés de voltar a Cartago, ele ficasse em Roma; é claro, afirmo, que aquelas ações não são úteis, pois são criminosas, infames e vergonhosas.

XXXIII

Resta-nos falar do útil em suas relações com o decoro, a moderação, a modéstia, a continência, a temperança. Pode-se encontrar utilidade no que se opõe a tantas virtudes tão estimáveis? Contudo, certos filósofos, discípulos de Aristipo, que têm sido chamados cínicos, e outros ainda, os anicerânios, não conheciam outro bem senão a volúpia e pretendiam que a própria virtude só é estimável pelo prazer que dá. Essa doutrina estava extinta, mas Epicuro a renovou, e dela se fez defensor e propagador.

É contra esses filósofos que devemos combater com todas as nossas forças, se quisermos defender o partido da honestidade, por isso que, se é verdade, como escreveu Metrodoro, que tudo que se pode chamar de útil, tudo que faz a felicidade na vida, se reduz a boa disposição corporal e a fundada esperança que ela assim se manterá, uma tal utilidade, que lhe parece a maior de todas, se encontrará em oposição à honestidade.

Com efeito, que acontecerá com a prudência? Ela só serve para procurar por toda a parte os elementos do prazer? Estranha condição para uma virtude estar a serviço da volúpia. Não terá ela outra coisa a fazer senão escolher, com gosto, os prazeres. Como que nada mais agradável, mas pode-se imaginar coisa mais vergonhosa?

Da mesma forma, se se pretende que a dor é o mal supremo, que acontece à força de espírito, que não é senão o desprezo das fadigas e das dores? Epicuro, tanto aqui como lá, falando da dor com bastante coragem, não prestou muita atenção ao que disse e ao que devia dizer, segundo seus princípios, ele mesmo que pretende que a volúpia é o bem supremo, e a dor, o mal supremo. Quem quererá ouvi-lo sobre a temperança, em que diz maravilhas em muitos trechos: mas, como se diz, ele mesmo preparou seu processo. Porque, quando se faz consistir o bem supremo na volúpia, como se pode louvar a temperança, que é inimiga da volúpia e das paixões que a assaltam?

Tratam assim de se defender da melhor maneira que podem sobre essas três virtudes, o que fazem com bastante desembaraço. Transformam a prudência em arte de procurar os prazeres e afastar a dor. A força de espírito eles regulam de outra forma que consiste em não se inquietar com a morte e a suportar o sofrimento.

Eles admitem a temperança, mas não têm embaraços nesse terreno; eles a explicam como podem, dizendo que a imunidade à dor é a volúpia suprema. Quanto à justiça, ela é muito cancelada entre eles, e para eles ela está por terra, assim como as outras virtudes que mantêm a sociedade humana. Porque nem a bondade, nem a liberalidade, nem a doçura, nem mesmo a amizade, podem existir desde que não são procuradas por si mesmas, relacionando tudo com a volúpia e a utilidade.

XXXIV

Façamos um resumo. Como fizemos ver que nada é útil sendo contrário ao honesto, dissemos também que toda a volúpia é contrária ao decoro. Encontro Califo e Dinomaco tanto mais desprezíveis imaginando que o meio de terminar a disputa era unir a honestidade à volúpia, como se se pudesse juntar o homem e a besta. A honestidade nunca poderia sofrer tão monstruosa aproximação; ela a despreza e rejeita; tanto mais que o bem supremo e o mal supremo devem consistir em qualquer coisa de preciso e simples e não serem compostos de coisas de natureza diversa.

Mas é assunto importante de que tratamos extensamente em outro trabalho. Voltemos ao nosso objetivo.

Nós fizemos ver que partido se deve tomar quando aparente utilidade se acha contrária ao honesto. Mesmo que se pretenda que a volúpia tenha aparência de utilidade, ela nada tem de comum com o decoro. Se, em absoluto, é preciso conceder-lhe algo, diremos que ela é como o condimento, mas que nada tem com a utilidade.

Eis, meu caro filho, o presente que eu devia fazer a você. Acredito-o muito caro, mas o preço dependerá da maneira como o receber. Eu peço que dê a estes três livros a mesma hospitalidade que merecem as obras de Crátipo. Se eu o tivesse procurado em Atenas, o que não fiz porque a pátria me conclamava no auge de minha carreira, você me teria ouvido mais vezes. Pois bem, dando a estes livros, como se fossem intérpretes do meu pensamento, todo o tempo que puder consagrar-lhes, você poderá dar-lhes tudo o que quiser. Se eu souber que essa espécie de ciência lhe agradou, sentirei prazer em conversar com você, de viva voz, como espero poder fazer em breve, ou escrevendo, desde que esteja afastado de você. Adeus, meu filho, e esteja persuadido de que eu o amo ternamente; espero que você goste ainda mais de mim apreciando meus trabalhos e minhas lições.

Este livro foi impresso pela Gráfica Rettec
em fonte Garamond Premier Pro sobre papel Pólen Bold 70 g/m²
para a Edipro na primavera de 2024.